みむろ物語

見沼と氷川女体社を軸に

井上香都羅 著

まえがき

浦和市の郊外三室の地に、氷川女体神社という古い由緒のある神社があります。「女体」とあるので、はじめ、なまめかしい女の神様を想像していたのですが、なにはからん、そうではなく、出雲神須佐之男命の妻神奇稲田姫命が「女体」の本体であることが分かりました。

その後、この氷川女体神社と、古代からの祭祀者武笠神主家、それに神社の御手洗で享保年間に干拓された見沼の歴史について調べることになります。

はじめて三室の地を訪れたのは十年ほど前で、数年間調査して、氷川女体神社と神主家について四五〇枚、見沼干拓について一五〇枚ほどの論文にまとめました。今回のは、その論文を、一緒にして三五〇枚ほどに分かりやすくまとめ直したものです。

三室の原始・古代から、長い時代を経て今日までの移り変わり、歴史といったものを、いろんな面について、分かりやすくまとめています。

単なる三室の部分を述べるのではなく、日本の歴史の中で、三室がどう変わって行ったかを知ることができます。

とくに三室の地名の由来、神社の起源については、その後全国数百ヶ所の神山、古代遺跡等を数年間にわたって調査し、その判明した事実からもう一度見直して、書き加えています。

したがって、単なる浦和の三室ではなく、日本の歴史の中の三室として見て、読んでいただければと思っています。

祖先を誇りにし、私を三室へ導いてくれた神主家の子孫武笠志茂の霊に、この調査・研究の成果を報告したいと思います。

おことわり

平成十三年五月一日、浦和市、大宮市、与野市が合併してさいたま市となった。ついで平成十七年四月一日に岩槻市が加わり、政令都市さいたま市となった。本書は合併以前に執筆されているため、行政的地名はそのままとした。（編集部）

目　次

一

なぜ三室なのか

1 浦和市三室

三室とのかかわり

埼玉県浦和市の北東に「三室《みむろ》」と呼ばれるところがあります。かつては「三室村」でしたが、昭和十五年に浦和市と合併して、現在は浦和市三室となっています。「三室」の地名の由来については、よく分かっていません。三室に氷川女体神社という古い神社があり、この神社か神域が多分「御室」で、こういったことから付近の地名になったのでは——という説もあります。

「みむろ」の語の由来は別として、九州に住む私がなぜ、この浦和の三室とかかわるようになったか、ということから話していかなければなりません。

世の中には〝偶然〟とか、〝不思議な縁〟といったものがあるようで、私が三室とかかわるようになったのも、あるいはこのようなことだったかもしれません。

十年ほど前、私は大分でボランティアの電話相談員をしていました。交替制で、私の勤務時間は、みんなのもっともいやがる午後十時から翌朝八時までの深夜を含む時間帯です。勤務についてから一時間ほどして、午後十一時頃かかってきた電話の相手が八十七歳の老女で、翌朝の三時半頃まで

氷川女体神社

延々四時間半も話していました。この長い電話の中で、老女が埼玉県浦和市の由緒ある神社の神主家の子孫で、家系図などの古文書を持っていること、温泉療養に来て別府に住み着いていること、などが分かりました。

私が、話の中でもっとも興味を持ったのは、彼女が古文書類を持っている、ということでした。私は子供の頃から歴史に興味があり、いつの日かじっくり歴史を勉強してみたい、と思っていました。たまたまその歴史を始めたばかりの頃で、この古文書に大いに興味を覚えたのです。しかし、規則では、相談相手の所へ直接行ってはならないことになっています。その後私は、これがきっかけで古代の謎に挑戦することになるわけですが、今思えば、この禁を破って彼女の所へ行っていなかったら、三室とのかかわりも、古代の謎の数々の解明もなかった、と思っています。

彼女が持っていた古文書は、三室に鎮座する氷川女体神社のかつての神主家、彼女にとっては祖先になる武笠《むかさ》家の系図と、中国山口の戦国大名大内氏の文書だったのです。

彼女の祖先についての話と、これらの古文書から、神社と神主家の歴史に大いに興味を抱き、その後三室を訪れたのが、三室とかかわりを持つことになった理由です。

それと、私がこの埼玉の老女とかかわることになったもう一つの理由は、私の母親も埼玉出身ということからでした。埼玉県児玉町河内《こうち》が母親の古里で、私も何度か訪れたことがあります。埼玉と全くかかわりがないわけでもなく、それどころか、私の体には半分関東の血が流れていたのです。私は最初、戦国時代河内村を開拓し、江戸時代名主家を勤めた母方の祖先木村家の歴史を調べるつもりでした。そのためには、まず歴史の基本をじっくり勉強せねばならない、と思っていました。そんな矢先に、氷川女体神社神主家の子孫のおばあさんと知り合ったのです。

神社や神主家の歴史を調べるといっても、九州からたまに行くぐらいでは、たいした調査はできません。その後、神社の所在する同じ三室にアパートを借り、腰を据えて、本格的に取り組むことになりました。

浦和をあちこち回っているうち、浦和の県立文書館に武笠神主家文書のあること、『新編武蔵風土記稿《しんぺんむさしふどきこう》』などにも女体社や神主家のことが記されていること、などが分かってきました。ここで私の探究心は、いやが上にも高まっていったのです。

三室は霊（み）室

私が、三室の氷川女体神社とかかわることになって、まずはじめに気になったのは、やはりこの「三室」の地名の由来です。

神社や、神社のある神域のことを「御室」と呼び、それが地名になったのでは――というのは、辞書などからの一般的な解釈で、私が直観的に考えたのは、大和の三室山のように、神奈備山からきているのではないか、ということでした。

そこで、各地の三室山や他の神山を調べて回ることになったのですが、そのうち三室という地名のところに三室山があり、やはり三室の地名が三室山からきていることが分かってきました。

さらに、この「みむろ」の意味も、神社などではなく、三室山にある岩室からきているらしいことも分かってきたのです。

古代に、主に弥生時代と思われますが、一族の長など首長級の者が死んだ場合、山の岩室に葬ったようです。この死者を葬り、霊の宿る岩室を「み室」と呼び、み室のある山を「み室山」と呼んでいたと思われます。

古代には、死んだ者の霊は、山上の岩から昇天し、何十年か後に神となって元の岩に降臨、以後山に宿って子孫を守護していく、と考えていたようです。子孫たちは、この祖霊を年に一度か二度、祖霊の宿る山の正面を祭祀《さいし》の場に定め、祖霊の祀りを行っていました。

したがって、岩室のみ室に葬られた者の霊は、山上の岩から昇天し、降臨した後は、元のみ室に宿り、人々はこの室を「霊《み》の宿る室」ということから「み室」と呼んだのではないかと考えられます。古代に、霊は「み」と呼ばれていたようです。

また、各地の三室山に〝おろち伝説〟の伴うことから、三室山信仰族が、かつて自分たちのはるかな祖先がおろちで、岩室に宿ることから、〝巳の宿る室〟の意味で「巳室《みむろ》山」と呼んだのではないかとも考えられます。

岩室が「み室」である証拠を、二、三、例をあげて紹介してみましょう。

島根県出雲大東町に、「御室山」と呼ばれる山があります。この山は、出雲木次町の古代史研究家である大谷正行さんから教えてもらったもので、須佐之男命《すさのおのみこと》を祀ってある須賀神社の奥になります。『出雲国風土記』には、「御室山。郡家の東北百十九里百八十歩なり。神須佐乃乎命《すさのおのみこと》、御室を造らしめ給ひて、宿らせる所なり。故、御室と云う。」と記されています。

この御室山の中腹に、岩を重ねて造られた岩室があります。人が一人横たえられる位の室で、この岩室のことを土地の人は「御室《みむろ》」と呼んでいます。

つまり、この岩室は、須佐之男命がお隠れになった葬所ではないかと考えられるのです。須佐之男命は、この岩室に葬られたのち霊は山上の岩から昇天し、のちにまた降臨してこの御室に宿られたのではないでしょうか。

この大東町の隣り木次町にも三室山があり、この三室山を正面に拝する神社の付近から銅鐸が出

広島県府中市の三室山

土しています。山上に神社が祀られ、八合目あたりに「釜石」と呼ぶ石があります。須佐之男命が八頭大蛇《やまたのおろち》退治のとき酒造りをしたと言い伝えられていますが、凹状になっていることから、あるいはこれが御室に使われた石だったかもしれません。

秋田と山形の県境にそびえる鳥海山上にも神社が祀られ、巨岩と岩室がありますが、元宮司である長谷川芳彦氏から聞いた話によると、この岩室を「おむろ」とも「みむろ」とも呼び、現在でも死んだ者の骨を、山上の岩室に納めに行く習わしがあると言います。

そのほか、大和の三輪山の三室山も、巨岩と岩室があって、ヘビ神の神話を伝えています。広島県府中市の三室山には大岩穴があって、おろちが住むという伝説があります。これらの場合は、「巳室山《みむろ》」でもいいようです。

浦和の三室が三室山からきているというのが分かったのは、日大文理学部図書館にある「武笠文庫」を調べてからです。この文庫に納められている書物の多くは、神主家の子孫で明治の終り頃、旧制高校の教授から後に文部省に転じた江戸文学の研究家武笠三の寄贈によるものです。

これらの中から、図書館職員の方が取り出してくれた資料の『江戸名所図会』には、明らかに「神社は三室山の南麓にあり――」と記されています。恐らく、かつては神社の背後は小高い山になっていたと思われ、山のどこかに岩石で造られた「み室」があったのではないでしょうか。また、氷川女体神社について書かれた江戸時代の『甲子夜話』にも、「御宮の後の山は、杉・榊《さかき》多く生えてあたかも三輪山によく似たり――」とあります。

これらのことから、いつの頃かまで女体社の背後に三室山があり、この三室が、のちに付近の地名になったものと考えられます。

2 三室山

各地の三室山

奈良斑鳩町　三室山

三室が三室山からきていることの証明に、他の「三室」や「三室山」について、もう少し詳しく調べてみましょう。

三室が地名になっているところとして、奈良県の斑鳩《いかるが》町、法隆寺の近くに三室という地名があり、近くに三室山があります。三室山の中腹に式内社《しきないしゃ》神丘《かみおか》神社が鎮座し、出雲の神須佐之男命を祀っています。浦和市三室の氷川女体神社は、須佐之男命の妻神奇稲田姫命で、どちらも出雲神です。

同じく奈良県御所《ごせ》市の、葛城《かつらぎ》山を仰ぐ地に三室の地名があります。付近に、やはり斑鳩町の三室山と同じ位の高さの山があります。地元の者に山名を聞いても、「御陵の山と呼んでいます」ぐらいで、正式な山名は分かりません。第五代孝昭天皇陵があり、山上に神社が祀られていることから、この山が神山三室山と考えられます。

斑鳩町から大阪方面へ行く途中、三郷町立野の竜田川の付近にも三室山があります。麓の地名にはなっていないようですが、かつては紅葉の名所であったらしく、しばしば和歌に詠まれているようです。

竜田川もみじ葉流る神奈備の
三室の山に時雨ふるらし
古今集　よみ人しらず

嵐吹く三室の山のもみじ葉は
竜田の川の錦なりけり
後拾遺集　能因法師

三室山を拝する場所に竜田大社が鎮座していますが、古代の神山の祭祀場は、山を正面に拝するところから、この竜田大社の場所が古代三室山の祭祀の場、神庭《かんば》であったと考えられます。

大和の三室山で忘れてならないのは、三輪山の三室山です。これは、たいていの人が知っている大和の神奈備山です。『古事記』には御諸《みもろ》山、美和山、『日本書紀』に三諸《みもろ》山と記されています。標高四六七メートルで、美しい円錐形をなし、麓に鎮座する大神《おおみわ》神社の神体山とされています。

このほか奈良県には、明日香《あすか》村に三諸《みもろ》山とされている山があります。雷丘《いかずちのおか》か甘樫丘《あまかしのおか》が、三諸山に比定されているようです。

奈良県・大和と並んで三室山の多いのが、島根県出雲地方です。

出雲地方には、前にも紹介した大東町の須佐之男命の御室のある三室山。それと大東町には、もう一ヶ所室谷というところに三室山があります。この山にも、山頂に巨岩と岩室があって、毎年麓の部落で山の神の祭りをやっているようです。

大東町の隣り木次町の三室山は前にもふれましたが、この三室山も古代から信仰の山であったらしく、木次町の大谷正行氏の話によると、以前は多くの寺院があったようです。

出雲には、このほか仏教山《ぶっきょうざん》・朝日山・大船山・茶臼山《ちゃうす》といった『出雲国風土記』に出てくる神奈《かんな》火《び》山（出雲では神奈備山の備を火と書きます）があります。風土記に記される以前、これらの山もかつては三室山ではなかったかと考えられます。仏教山の山頂には大岩穴があり、十三躰の仏像が祀られていたといいます。

出雲・大和以外では、広島県府中市の三室山。岩山で、山上に大岩屋があり、おろちの住むという伝説の山です。山上には二千年前の祭祀遺跡もあったといいます。このことから、二千年前の弥生時代、三室山の信仰のあったことが証明できそうです。

広島県にはもう一ヶ所、中国山地に三室という地があります。付近を探したところ、部落から拝する位置に「笠松山」という形のいい山を発見しました。これが、かつては三室山であったと考えられます。

兵庫県と岡山県の境にも、三室山と呼ばれる千メートルほどの山があります。地元の者に聞いた

神川町金鑽神社と御室嶽

御室嶽の御室

ところ、昔から信仰の山であることが分かりました。

関東地方では、同じ埼玉県神川町の武蔵二宮金鑽《かなさな》神社の神体山も、御室《みむろ》嶽《がだけ》です。ひと山越えたところが私の母親の里で、母は「御嶽《みたけ》さん」と愛称をつけて呼んでいました。ここの祭神は天照大神・須佐之男命になっていますが、もともとは出雲の神だったと考えられます。

福島県には、表郷《おもてごう》村の建鉾《たてほこ》山という山の麓に「三森」という地名のところがあります。山上に建鉾型の巨岩があり、中腹付近に権現様を祀り〆縄を張った岩室があります。かつては、この岩室が御室で、山が三室（森）山ではなかったかと考えられます。東北地方では室を森と呼んでいるようで、三室山を三森山と呼び、他と同様にのちに三森の山名が麓の地名になったのではないでしょうか。

以上のような各地の三室の地名、あるいは三室山から、三室の名が神社からきたのではなく、三室山という山からきたことが分かってもらえたと思います。

浦和の三室も、これまでの例から、三室山からきたことに間違いないと思います。

三室山信仰は出雲族

これまで挙げた三室山のうち、いくつかに出雲の神を祀っているところがありました。浦和の三室山の氷川女体神社も、須佐之男命の妻神奇稲田姫命《くしいなだひめのみこと》を祀っています。大和斑鳩町の三室山の中腹に鎮座する神丘神社が、須佐之男命でした。同じ武蔵の二宮御室嶽のある金鑚神社にも、出雲神の須佐之男命が祀られています。

大和三輪山の三室山の主は大物主神ですが、この神は出雲神大国主命の和魂《にぎみたま》とされ、同じ出雲の神に属します。賀茂の神も出雲系と思われるところから、御所市三室の三室山にも出雲の神が祀られていると考えられます。もちろん出雲にあるいくつかの三室山の神は、出雲の神であることは言うまでもありません。

長い時代の間に、三室山の名が消されて別の名称に変わったり、祭神が出雲神から天孫系に変えられたところもあったでしょう。しかし、現在残っている三室山の神から、大方は出雲神が祀られていたことに間違いないと思われます。

これと、三室山が出雲と大和に多いことからも、三室山信仰が出雲族によるものではなかったか、と言うことができそうです。

出雲族は、縄文の終わりから弥生時代にかけて、出雲から大挙して大和に移住し、そのおり三室山の信仰も伴ってきたのではないでしょうか。

もし、邪馬台国が弥生後期大和にあったとしたら、邪馬台国は出雲族によるものであり、邪馬台国の女王卑弥呼も、出雲族のシャーマンではなかったかと考えられます。秀麗な三輪の三室山を拝する付近に、邪馬台国の都があったのではないでしょうか。三輪山の麓にある箸墓《はしはか》古墳が、卑弥呼に比定される倭迹々日百襲姫命《やまとととひももそひめのみこと》の墓とされているのも、なるほどとうなづけるような気がします。卑弥呼は、三室山の出雲の祖霊神を呼び降ろして、シャーマンの占いを行っていたのです。

出雲族が、出雲国から大和国へ移住したことを証明するものとして、その中間の広島や岡山付近に三室山のあることが、移動の経路を示していると言えないでしょうか。

出雲族は大和へ進出した後、さらに陸から、あるいは海から、中部―関東へ向かったと思われます。その一団が信州から関東の山を越え、金鑽神社や氷川女体神社のある地へ達したものでしょう。

金鑽神社の付近へ立寄った一族あるいは一団は、巨岩と大岩室のある御室嶽を、格好の神奈佐奈山として、この付近に住み着き、神山の祖霊祭祀を行っていたのです。

『魏志』倭人伝に出てくる二十一ヶ国の中の華奴蘇奴国は、この神奈佐奈山《かなさな》（金鑽山）を中心とした一帯の国ではなかったかと考えています。

この神奈佐奈山の麓に住み着いたグループと分かれたもう一つのグループが、さらに先へ進み、見沼のほとりの小高い丘の近くにたどり着いたのではないでしょうか。沼から見ると美しい姿をしたこの山を三室山として、出雲の祖霊神を祀ったのです。彼らが、出雲から氷川の神を招霊して祀った武笠家の祖先たちだったと思われます。

私の母方の祖母の里が、金鑽神社の鎮座する神川町です。遠い祖先をたどれば、あるいは金鑽神社の麓に住み着いた彼ら出雲族であったかもしれません。

そうすると、私と知り合った武笠家のおばあさんは、もしかすると金鑽の御室嶽と見沼の三室山

奈良三郷町の三室山

の麓に住み着いた同一族の子孫ではないか、と思えたりもします。二千年前の同一族の子孫が、奇しき縁で、再びめぐり合った、と思ったりしてはいけないでしょうか。

出雲族は、関東からさらに北上して、東北地方へ入ったと思われます。福島県表郷村《おもてごう》の三森山（三室山）も、彼らが東北地方へ達した経路を示していると言っていいでしょう。

三室山と大室・小室山

三室山のほかに、「室」のつく山として、大室山《おおむろ》・小室山《こむろ》、それに単に室山と呼ばれる山もあります。

各地の「室」のつく山を調べて回った結果、三室山が弥生時代に出雲族とかかわっている

信州小諸の大室山

こと、大室・小室山は縄文時代からのものではないか、ということが分かってきました。

　大室山について見ると、東北地方では大森《おおもり》山または飯盛《いいもり》山となり、九州では大牟礼《おおむれ》山あるいは飯牟礼《いいむれ》山、関東・中部地方で大室山となっています。大石を祀る神社が「飯石《いいし》神社」で、大分県国東半島で大室型の山が「飯《いい》牟礼《のむれ》山」となっていることなどから、「飯《いい》」は「大」という意味と考えられます。

　東北地方では、とくに縄文時代のストーンサークル遺跡の正面に大森山を拝することから、大森山が縄文の遺跡とかかわっていることが分かってきました。大分県山香町にある大ストーンサークル遺跡の正面にも、大牟礼山があります。このことから、縄文時代東北から九州まで大室山の祖霊信仰が行われていたのではないかと考えられます。

大室山で分かったことが、もう一つあります。それは、大室山があれば、どこか近くに小室山があることで、大室山・小室山が対になっている、ということでした。

地図上に記されている大室山・小室山として、静岡県伊東市付近にある大室山・小室山。富士山西北麓の大室山。これは、山梨県上九一色村のかつてオウム教のサティアンのあった場所からすぐ近くに眺められます。丹沢山系の大室山は、山梨県道志村からよく見えます。この大室山の上方には、巨岩と大岩室があるようです。茨城県日立市の西方や、土浦市の近くにも大室山があります。長野県にも、何ヶ所か大室山が見られます。長野市郊外松代《まつしろ》の大室の地に大室型の山があり、近くに大室神社があります。安曇野《あずみの》の三郷村と隣りの梓川《あずさがわ》村にも大室・小室の地名があり、調査の結果近くに大室型・小室型の山を発見しました。三郷村にはもう一ヶ所「室山」という山がありますが、近くを調べたところ「小室山」のあることが分かりました。

東京品川の大森貝塚遺跡は、明治のはじめアメリカ人モースによって発見され、わが国の石器時代研究の第一歩を記したところとして有名です。ここも縄文時代の遺跡であることから、遺跡から拝するところに大森山があったと考えられます。大森の地名は、大森山からきているはずです。

浦和市の馬場にも「小室山縄文遺跡」がありますが、ここにも、かつて小室山という小高い山があって、この山を祖霊の山として祭祀が行われていたものと思われます。山は、恐らくいつの時代にか、沼を埋めるか道路をつくるとき崩され、小室山という地名だけが残ったものでしょう。氷川女体神社背後の三室山も、同様な運命にあったのではないでしょうか。

二

三室氷川女体神社

1　女体社の歴史

祭神は誰か

神社・寺院等には、それぞれの由緒・由来を書いた由緒書《ゆいしょがき》、あるいは寺社伝記といったものがあります。氷川女体社にも、いくつかの由緒書・伝記が残されており、宝永年間の神主武笠丹波守嘉隆以降に書かれたものです。

氷川女体神社の由緒書・伝記によれば、崇神《すじん》天皇（第十代）の御宇に、出雲の神をこの地に勧請《かんじょう》したと記されています。祭神は奇稲田姫命《くしいなだひめのみこと》で、大己貴命《おおなむちのみこと》と三穂津姫命《みほつひめのみこと》を合祀しています。奇稲田姫命は、須佐之男命が八頭大蛇《やまたのおろち》退治のとき助けて妃にした姫です。一方、大宮の氷川神社の祭神は、須佐之男命で、このことから、大宮の氷川神社を男体社、氷川女体神社を女体社ともしています。また、大宮にもう一つ、中山神社というのがあり、ここを簸王子《ひおうじ》社といい、かつて氷川社は、この三社が同一体で、のちになんらかの理由で別々に分かれていったのではないかとも言われています。

神主家文書の中に、ひとつ面白い記録が残されています。これによると、江戸時代、大宮氷川

氷川女体社　橋側より

社・三室女体社・中川簸王子社の間で、社の起源・祭神について争いが起こり、元禄十二年、ついに公訴となりました。それぞれが、こちらが本家だと言い張ったのです。それによると、「双方明證なきを以って、此後は三社同格として甲乙の順序あるべからず」としました。女体社に「武蔵国一宮」という扁額《へんがく》がありますが、おそらくこの時のお墨付《すみつき》から、大宮氷川社と同格として「一宮」を名乗ったのではないかと思われます。誰が裁いたのか、曖昧《あいまい》な、イキな裁きをしたものです。

　いずれにしても、この三社は、同じ出雲の神を祀り、神主家もその祖を出雲族としているところから、かつて出雲からこの地にやってきた出雲族の一族が、祖先の神を祀ることからこの神祀りが始まったのではないかと思われます。

中世の女体社

氷川系神社、つまりかつては同一体であったと思われる大宮の氷川社、三室の女体社、それに中川の中山社がそれぞれ分裂して独自の道を歩むようになった理由は、「平将門《たいらのまさかど》の乱」によって、足立郡司であり氷川社の司祭者とされていた武蔵武芝《むさしたけしば》の失脚によるものではないかと考えられます。

それまで、氷川社は、古代武蔵国造であった武蔵不破麻呂の系統をひく物部角井・物部岩井・佐伯武笠各氏の一族でその祭祀を司ってきましたが、武蔵武芝の失脚とともに、正統の継嗣《けいし》者を失い、分裂状態になったのではないでしょうか。氷川社の主宰者が他家へ移ったのを機に、佐伯氏が分離して三室の女体社を主管するようになり、以後その子孫が神主職を世襲していったと思われます。

現在、この社は、正式な名称として氷川女体神社と呼ばれていますが、もとからこのように呼ばれていたのではなかったようです。もっとも古い記録から見ると、

元弘三年（一三三三）文書　女体大明神
建武二年（一三三五）文書　御体御室
同建武二年四月文書　御室女体大明神
建武四年文書　女体大明神
延元二年（一三三七）文書　一宮女体大明神
大永四年（一五二四）北条氏綱判物　三室神主

元亀三年（一五七一）北条氏綱判物　　三室女体宮神主
天正十九年（一五九一）徳川家康判物　三室簸河明神

などとなっており、それぞれ呼び方が異なっています。共通になっているのは「御室（三室）」「大明神」などで、このことから「御室女体大明神」が当時の正式な呼称ではなかったかと思われます。なお、右の文書で元弘から延元までの文書は、南北朝時代に僧性尊《しょうそん》という者によって書写された「大般若経《だいはんにゃきょう》」によるものです。

これらのことからも、女体社は、中世、この地方において、かなり有力な存在であったことがうかがえます。かつては三千貫の圭田を有していたとあり、広大な社領があったようです。とくに、武将国主等の崇敬が厚く、各々土地宝物を寄進して、武運と繁栄を祈っていたようです。

この地は、中世時代支配者がつぎつぎと変わりましたが、由緒ある神社として、そのときどきの支配者によって厚い保護が加えられています。文書にも見るように、上杉氏・太田氏・後北条氏・徳川氏によって、濫妨狼籍《らんぼうろうぜき》・神領侵犯の禁止、そして社領の安堵《あんど》・寄進も継承されています。

近世の女体社

天正十八年、豊臣秀吉によって後北条氏が亡ぼされ、関東八ヶ国は徳川家の領有するところとな

氷川女体社　祭祀場の池

りました。これに伴って、浦和から三室付近は、一時家康の家臣が支配しましたが、のち幕府直轄領となり、代官が置かれることになりました。

女体神社は、寺社奉行所の管轄するところとなり、徳川家康は神領として五十石を寄進、徳川家の武運長久を祈る祈願所として、その保護をはかりました。

女体社の社領は、一宮の社領として、社の近辺から、当時木崎領と呼ばれていた村々に広範に広がっており、それぞれの村においては神社による支配が行われていました。

また、かつて女体社が大宮氷川社と一体であった当時より、大宮から女体社の近くを通り現在の川口市方面へ広がる見沼は、往古の氷川社の御手洗瀬としての神領でしたが、三社分裂ののちは、女体社に属し、見沼の周辺二十数ヵ村は、漁労の課金を女体社へ納めていました。

御手洗瀬であるこの御沼では、隔年ごとに船祭りの大祭を執行し、沼の神を祀り、湖中には斎場も設けられていました。このように見沼と女体社は、往古より江戸中期まで〝御沼〟として深いかかわりで結ばれていたのです。

しかし、享保年間にいたって、八代将軍吉宗によって見沼干拓が行われ、沼は消え、見沼と女体社のかかわりは消滅し、一変させられてしまいます。

女体社の保護は、徳川家康の社領安堵と社領寄進によって基盤がつくられました。その後、江戸時代を通じ将軍がかわるたびに社領安堵状が出され、さらに見沼の干拓後は漁業の利を欠くことになったため、幕府はとくに墾田のうち百石を除地として女体社へ寄進しています。

徳川家康の社領寄進と同時に、女体社は、徳川家の武運長久の祈願所となりました。このため、平時の神社での祈願はもとより、毎年正月六日には大宮司が江戸城へ登城し、大広間にて将軍に独謁して武運長久祈願の玉串を献じています。また、将軍代替の折には、帝鑑の間にて謁見したとあります。

この当時、幕府の勅願所または御願所となっていたのは全国で十九社、女体社は大宮男体社とともにその中に列せられており、正月玉串献上の折には、伊勢・鹿島・香取など諸国大社の神主と同じく記帳順に独礼しています。

また、平時は寺社奉行の直轄に属し、社殿の改築修繕より祭器の細目にいたるまで、一切幕府の官費をもって支弁されていました。江戸時代、社の造営は、四代将軍家綱の時に一度です。この時の神主が武笠宮内丞豊雄で、これは棟札《むなふだ》によって判明しました。その後修復が、貞享・享保・寛延年間に一度ずつ三回なされています。修復の寺社奉行監督として大岡越前守の名も見えます。

2 女体社の社宝

中世の神社信仰

女体社の社宝の中には、中世に奉納されたものが多いようです。これは、この時代神社信仰が盛んであり、女体社もその一つに入っていて、厚い信仰を受けていたことを物語っています。

中世は武士の社会であり、時代を通じて国内では戦乱が起こり、神仏の加護を祈って神社信仰が盛んに行われました。それとともに、国主や武将といった人たちによって、各地に神社が建立され、その保護がはかられています。中世の代表的な武将鎌倉幕府を創設した源頼朝は、鎌倉に鶴岡八幡宮を造り、手厚い保護を加えました。八幡宮は、戦さの神様として、古来より崇められています。

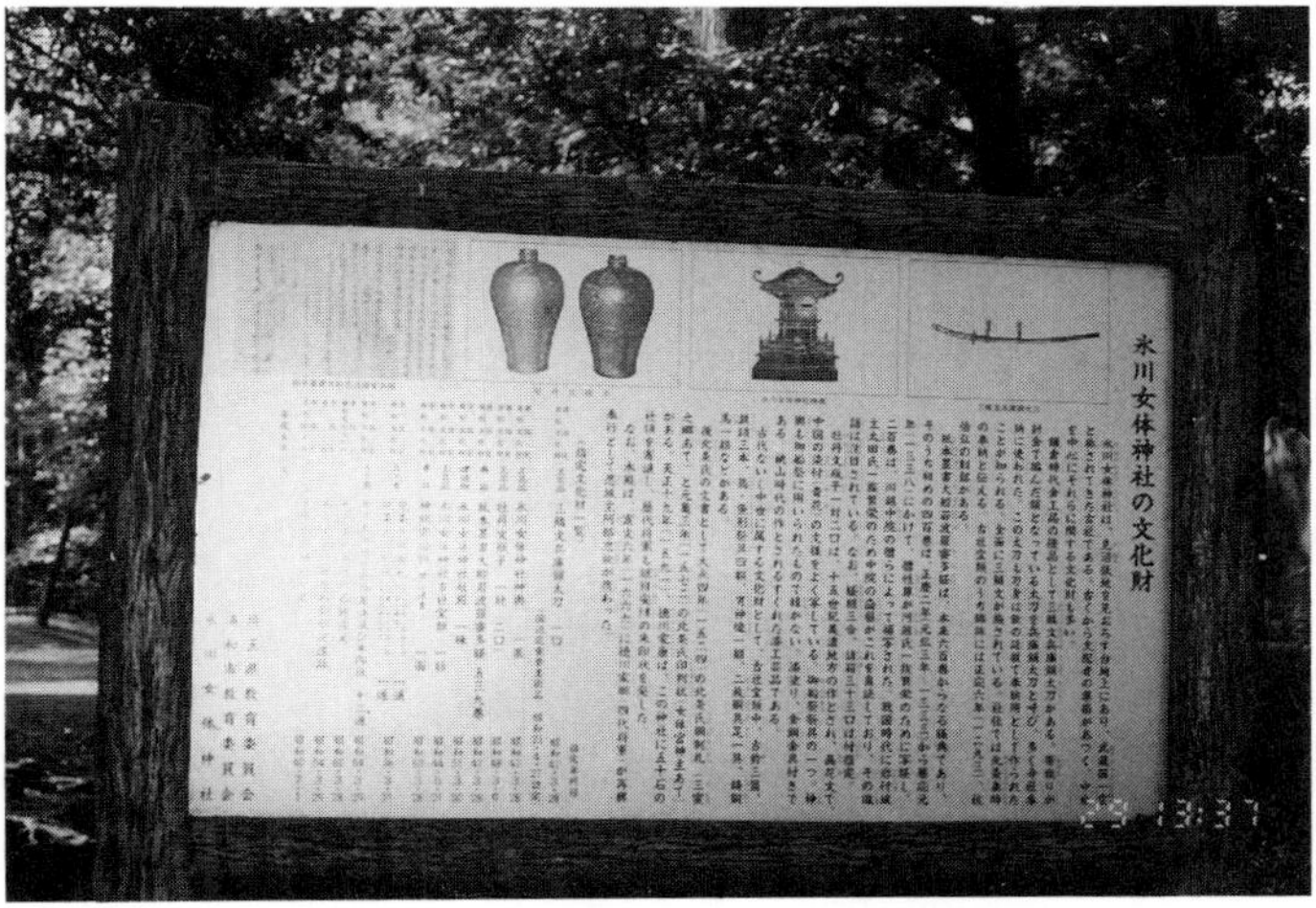

氷川女体社の社宝の解説板

鎌倉北条時代、蒙古来襲の際、北条時宗は全国の神社に敵国降伏の祈願を行わせています。戦国時代に入ると、各地で合戦が起こり、武将たちは出陣の前、神前に詣でて、必勝祈願を行いました。信州の諏訪大社は武田信玄が深い信仰を持ち、合戦へおもむく途中、しばしば立寄って祈願を行った社です。信玄の妻となった湖衣姫は、この諏訪社を斎奉する諏訪一族の娘であり、その子勝頼も、諏訪大社と深いかかわりを持つことになります。この信玄としばしば雌雄《しゆう》を決せんとした北国の雄上杉謙信は、毘沙門天《びしやもんてん》神を深く信仰する武将でした。

　このように、中世武士の社会では、戦さという特殊な時代背景を伴っていたがため、神仏の加護という念が強く、そのため厚い神社信仰が行われるようになったものでしょう。

武将たちは、合戦へおもむく途中、自分の信仰する神社へ立寄り、必勝祈願を行うのですが、この際祈願とともに太刀などを記念として奉納しました。誓書などを読み上げ、これを預けている場合もあります。

このようにして、合戦場へおもむくわけです。幸いにして合戦に打ち勝った場合、おおむね大勝のときと思われますが、勝利のお礼として宝物を奉納しました。絵馬も、こういったところからきているもので、最初は生きた馬が奉納されたようです。

女体社にも、太刀や銅馬など、たくさんの貴重な奉納物が伝えられています。奉納された宝物の種類や数によって、その神社がいかに信仰されていたかの目安になるかもしれません。

女体社社宝の数々

では、女体社に伝えられている社宝のいくつかを紹介しておきましょう。

◆北条氏奉納の太刀

武将が神社へ奉納する典型が、太刀です。各地の由緒のある神社へは、たいてい太刀が奉納されています。

女体社にあるのは、三鱗文兵庫鎖太刀《みつうろこもんひょうごぐさりたち》といって北条氏誂《あつら》えの太刀です。三鱗は北条家の家紋で、北条泰時奉納のものではないかと言われています。この形の太刀は、平安時代から南北朝にかけて流行したもので、鎌倉北条氏はその中間期に当たります。あまりにも豪壮なので、その佩用《はいよう》を停止させる命令が寛喜三年（一二三一）に出され、それ以後は寺社奉納用に作られるようになりました。

この太刀の特徴は、全長が九一・六センチというように長身で、帯執《おびと》りに針金を編んだ鎖を用いているところから兵庫鎖太刀と言われています。女体社の太刀は、三鱗文を余すところなく刻み込んだものです。三鱗文の太刀としては、伊豆三島大社旧蔵（東京国立博物館蔵）のものがあり、そのほか兵庫鎖太刀として、春日大社（奈良）、丹生都比売《にぶつひめ》神社（和歌山）、厳島《いつくしま》神社（広島）、二荒《ふたら》山神社（栃木）、熱田《あつた》神宮（愛知）など著名な神社に二〇口ほどその所在が知られています。

◆正應年間の銅鉾

兵庫鎖太刀より少しあとと思われますが、同じ北条時代のものとして、祭祀用の銅鉾《どうほこ》が二本あります。全長一八三センチと一七三センチです。短い方に、飾りの円板がついており、それに「正應六年」「佐伯弘」の銘が刻まれています。正應六年は、改元して永仁元年（一二九二）となる年です。佐伯姓は、武笠神主家の本姓です。佐伯弘が、当時女体社の神官をしていたと思われます。

◆神　輿

女体社には、古い時代を思わせる神輿《しんよ》が一基保存されています。最近は「おみこし」などといって、神社の祭礼などで派手に景気をつけてかつぎ回っていますが、そもそも神輿は神霊を特定の場所に遷座させる場合に使用するものです。女体社の神輿は、見沼で行われる御舟祭りの際、沖合い

氷川女体神社神輿

一里の「四本竹」というところまで神霊を移すのに使われていました。

この神輿は、漆塗《うるしぬ》りで金銅金具を付しており、南北朝時代の作ではないかと言われています。高さは、一メートルばかりです。県内ではもちろん最古の神輿で、この時期までさかのぼり得る神輿は、全国的にも十一基にすぎません。その所在場所も、鞆淵《ともぶち》八幡神社（和歌山）、誉田《ほんだ》八幡神社（大阪）、手向山《てむけやま》神社・水分《みくまり》神社（奈良）、二荒山《ふたらさん》神社（栃木）といった著名な神社です。御舟祭りが、いつ頃から始められたか確かなことは分かりませんが、享保年間、見沼干拓が行われるまで、この神輿が御舟祭りに使われていました。御座舟に乗せられ、神主たちに守られて、女体社と沖合いの四本竹まで往復していたのです。

◆瓶　子

この瓶子《へいし》は、御舟祭りの際に、見沼の主《ぬし》に神酒を献じるために使用されていた祭具です。現在、東京国立博物館に常設展示されています。一対二口からなっていて、十五世紀の美濃焼と推定されています。志野や織部より一世紀も古く、この時代美濃地方に施彩陶器があったことを物語っています。大きさは、高さ三三・〇センチと、もう片方が三二・〇センチです。

この一対の瓶子は、伝えによると、享保十年八月七日、一つが沼から出て、もう片一方がその三年後に浮き出てきたと言われています。

◆大　般　若　経

正式の名称は、「大般若波羅蜜多経《だいはんにゃはらみったきょう》」と言います。唐の玄奘《げんじょう》が印度から持ち帰った経典とされています。六百巻からなる長大な経典で、わが国では奈良時代頃から、その写経が行われてきており、南北朝時代になると地方にも多くの遺品を見ることができます。女体社の大般若経も、その一つです。

この大般若経六百巻は、はじめの四百巻が性尊《しょうそん》という者によって、正慶二年（一三三三）から暦応元年（一三三八）の五年間にわたって書写されたことが、その奥書によって知られています。ちなみに、この写経をさせた者は誰かも奥書に残っており、それによると、その施主《せしゅ》は、武蔵武士の名門河越氏であることが分かります。

なお、戦国時代永禄四年、河越中院の僧奝芸《ちょうげい》によって、武州大乱にあたり、岩槻太田氏安穏のため、この大般若経の真読が行われました。

◆徳川家康奉納の銅馬

家康が関東へ入国したのは天正十八年で、八月一日には江戸城に入っています。翌年十一月には、家康は由緒のある寺社に、その所領を寄進しています。女体社には、五十石が寄進されました。銅馬がいつ奉納されたか記録がないので確かなことは分かりませんが、これは関ヶ原合戦出陣の前後に奉納されたのではないかと思われます。戦勝の祈願か、勝利のお礼のものではないでしょうか。

女体社には、このほか、二個の鉄鈴、三本の鉄鏃《てつぞく》、御舟祭り用の鳥形魚形祭具などがあります。鉄鈴は、謎の鉄鈴とされているようです。あるいは、神を呼ぶためのものだったかもしれません。鉄鏃は、俵藤《たわらとう》太《た》秀郷《ひでさと》の奉納と伝えられています。また、古い文書として、大永四年北条氏綱の制札、同じく北条氏の印判状、徳川時代になって、家康の判物、歴代将軍の朱印状などが見られます。

三

見沼は神域であった

1　太古からの変遷

縄文海進と見沼

女体社のある旧三室村一帯には、古代人の遺跡が集中的に発見されています。この地帯が、東京湾の海進によって溺《おぼ》れ谷や舌状台地《ぜつじょうだいち》の地形ができたことにも原因しているようです。それにより海の幸が豊富で、さらに後背地の原生林にも、鳥や動物たちが多く生息していたものと思われます。

遺跡で古いものは、旧石器時代にさかのぼります。これらの遺跡は、見沼に面した大宮台地といわれる溺れ谷上の小舌台地がほとんどです。三室・大古里・北宿・馬場・東宿・松木・芝原など、旧三室村の各所に旧石器・縄文・弥生の遺跡・遺物が発見されています。昨今、これらの地は土地区画整理事業が活発であるため、発見の機会に恵まれたこともありますが、この地帯が太古の人々が住むのにもっとも適した地形となっていたことを物語っています。

舌状台地の先端部に住居をつくり、すぐ下の海や、あるいは海が後退して沼となったとき、沼へ下り、貝や魚を捕っていたものでしょう。当時は眼前の谷がずっと深くなっていたため、台地の先端に立つと、三方が見渡せ、眺望は壮観であったと考えられます。遺物が発見される大宮台地は、

武州一宮神官家・女体社の森

関東地方の中央部にあって、長さ四三キロ、幅一〇キロほどで、北西から南東方向に掌《たなごころ》を広げたような形をしています。この大宮台地の中に三室の地帯も含まれます。この地区でもっとも多くの遺跡・遺物が発見されるところから、この付近に太古の人々は集中していたもののようです。

　縄文時代前期の海進によって多くの人々がこの付近に集まり貝塚などもできましたが、前期末になると、海退がおこり、これに伴って人々も去り一時過疎となります。しかし、その後またどこからともなく狩りをする人々がこの地へやってきました。

　遺跡では、旧石器時代、黒耀石《こくようせき》のナイフ・スクレイパー（掻器《そうき》・削器）・細石刃《さいせきじん》などが発掘され、縄文時代になると、竪穴住居跡・ファイヤーピット（屋外で煮炊きを行うための

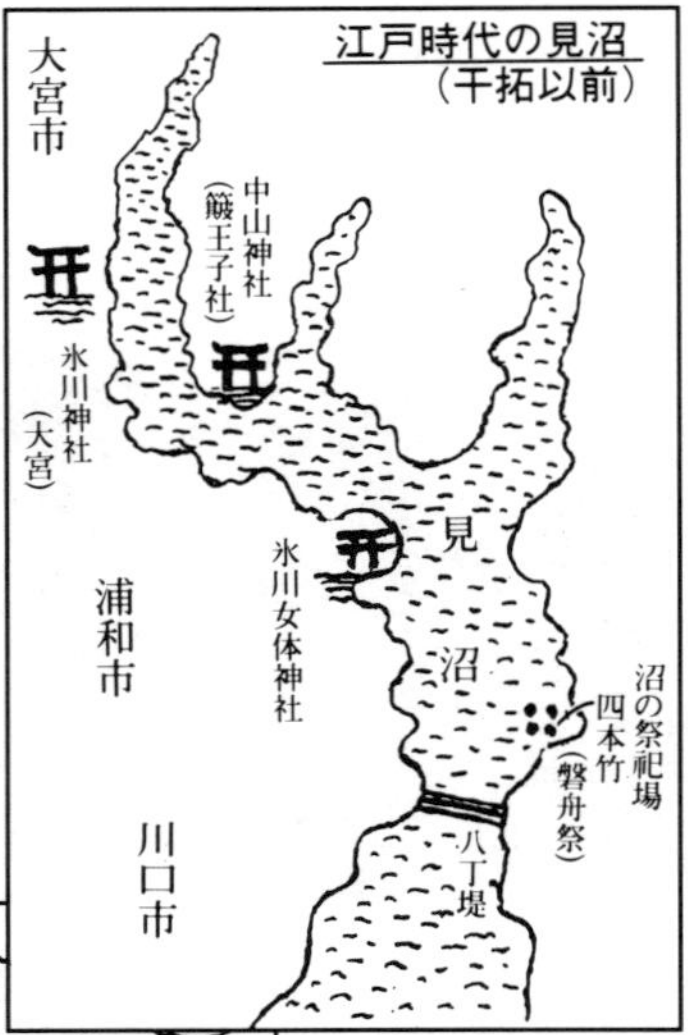
江戸時代の見沼
（干拓以前）
大宮市
中山神社
（簸王子社）
氷川神社
（大宮）
見
沼
氷川女体神社
浦和市
沼の祭祀場
四本竹
（磐舟祭）
川口市
八丁堤

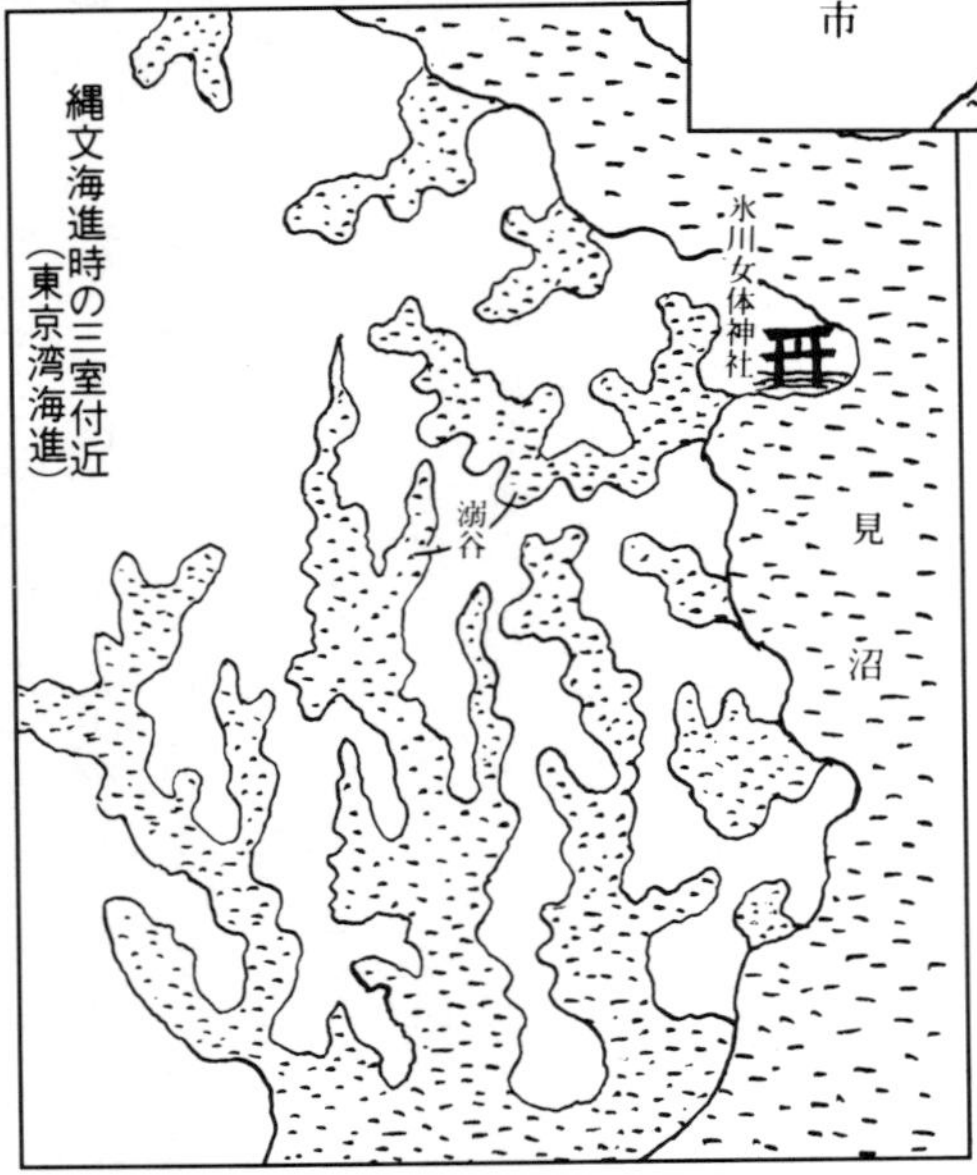
縄文海進時の三室付近
（東京湾海進）
氷川女体神社
溺谷
見
沼

炉穴）・貝塚、それに縄文式土器が多数発見されてきます。

縄文時代前期末に海進が止まると、海は少しずつ退き、これを追うように荒川などの沖積《ちゆうせき》作用が進み、見沼は出口をふさがれ淡水の湖沼となりました。三室の東に、川口市付近から北は大宮市の方まで広がっていた広大な見沼は、このようにしてでき上がったのです。

三室の馬場小室山遺跡からは、無数といえる石鏃や、土錘《どすい》も多く出土していますが、これは、この付近の森で狩りをしたり、海や沼で網を使って漁をしていたことを物語ります。

弥生遺跡も、一帯の小舌台地上で多数発掘されています。このように女体社のある三室は、太古の人々の住む格好の場所であったことが知れます。

沼の形態

見沼の大きさは、縦四里（一六キロ）、横二十町（約二キロ）ないし十町（約一キロ）ほどで、深さはほぼ一メートル位ではなかったかと思われます。水深の浅い沼状で、千葉の手賀沼や印旛沼のような感じではなかったかと想像されます。享保年間に干拓が行われたわけですが、それ以前の見沼の風景などが描かれたものは見受けられません。一つだけ、江戸末期多分絵馬として描かれたものが、三室宿の文殊寺に掲げてあります。縦一八〇センチ、横五〇センチと大きなもので、武笠松渓という絵師によるものです。松渓は、もちろん武笠神主家から出たものでしょう。

長い年月のうちに、絵の色もあせ、判別できない部分もありますが、この絵の中には鳥居と、沼辺につながれた小舟、それに白衣の装束を着けた神官が二人描かれています。多分、女体社と見沼に浮かぶ小舟で、見沼で御舟祭りが行われていた享保以前の時代の光景を描いたものと思われます。

この浅い沼状の見沼も、大雨のときなど水かさが増し、また風雨で湖上が荒れ、周辺の村々や、湖上を舟で往来する者は、しばしば災厄に遭っていました。このため沼の平穏を願って、干拓以前には毎年六月十五日に竜神祭が挙行されていました。これについて『岩槻巷談』には、次のように記されています。

正徳四年（一七一四）甲午の七月十日慈恩寺にて観音の開帳あり、其時に参詣《さんけい》の男女足立郡木崎村より船を出して湖水を渡しけるに俄に悪風起りて棹櫓《さおろ》の力に及ばず大浪打来りて船を覆す、船中の乗合三十余人見沼の水屑《みくず》となると云――

正徳四年は、享保の干拓が行われる十四、五年前に当たります。

沼の周辺には貝塚などもあり、それによると縄文前期の東京湾海進の頃は海の魚貝類がいましたが、荒川が泥を運び見沼の出口をふさいで、淡水の魚貝に変わってきていることが分かります。

沼の周辺には鳥や野生の動物もかなりいたようで、一帯は紀州侯の鷹場《たかば》にもなっていました。神主家文書によると、鷹狩にきた紀州侯が猪狩も行っていることが記されています。

ここに、興味深い文書があります。鉄砲の預り証文というものです。宝永三年（一七〇六）から宝永五年までの八通で、いずれも武笠丹波守時代のものです。

内容は、社領内に猪・鹿・狼が多く出て作物を荒し、百姓が迷惑しているので、空鉄砲でおどすため、鉄砲二丁をしばらくの間百姓に貸しておいてくれ、というものです。

ここで興味があるのは、鉄砲のことではなく、「猪・鹿・狼が多く出て……」というところです。この時代、見沼周辺にこういった野生の動物がまだ多く生息していたことがうかがえます。干拓の行われる二十年ほど前で、一帯には森や原野が広がっていたものと思われます。

2　御手洗瀬としての見沼

見沼は「御沼」

小舌台地の上に鎮座する女体社は、見沼の方へ向かって建てられています。地形によってこのよ

芝川が流れる見沼

うな形になったのか、それとも見沼との深いかかわりを示しているのか。

女体社の本殿から鳥居をくぐって石段を下ると、そこはかつての見沼です。見沼は女体社の神沼であり、「御沼」でした。往古より沼の信仰が行われ、御沼は女体社の神域として、御手洗瀬《みたらせ》と呼ばれていました。

かつて三室の女体社と大宮高鼻に鎮座する男体社は、同じ氷川社として一体であり、見沼はその共通の神池でした。中世の頃まで女体社から男体社までの土地は氷川社の社領であり、その横に広がる見沼も、当然氷川社の支配に属していたのです。中世のある時期に、斎奉者の変動に伴って、神主家が分裂し、それぞれ独自の道を歩むことになりましたが、女体社は見沼の中心に位置し、以後、見沼は女体社の支配に属することになります。

見沼は縦四里、横二十町ないし十町の沼で、現在の川口市の東方付近から大宮の北東付近まで延びる細長い沼でした。その細長い沼のほぼ中央付近に突き出ている、小舌台地上に女体社がありま す。江戸時代、足立郡に横たわっていたので「横沼」とも呼ばれていたようです。

沼では、鯉《こい》や鮒《ふな》が捕れ、沼の周辺の農民たちによって漁猟が行われていました。縄文や弥生の古代の人々も、おそらく沼の恩恵にあずかっていたことでしょう。沼の形態は、今日の関東地方のあちこちに見られる沼沢と同じようなものであったに違いありません。水深が浅く、周辺には葦が一面にはえ、水鳥たちも豊富に棲息《せいそく》していたのではないでしょうか。

この見沼では、往古より伝わる御舟祭《みふねまつ》りが行われていました。これは、女体社と見沼が、古代より密接なかかわりを示すもっとも顕著な事柄です。鳥居から三十町（約三キロ）ほど沖の真中に「四本竹」という御旅所を設け、ここへ神霊が神輿で渡幸し、沼の神祭りが行われていました。江戸時代になると、武蔵一宮として、祭りの形態も変わり、天下安泰と将軍家の武運長久が祈禱《きとう》されるようになります。

この見沼の周りには、三室の女体社、大宮高鼻の男体社のほかにも、いくつかの同系の神社が見られます。その中で、同じ氷川女体神社と名のつく神社が二つあります。大牧の氷川女体神社と、附島の氷川女体神社です。そのほか、氷川神社と名のつく神社は、関東地方を中心に二五〇社ほどを数えます。それらの多くは、いつの時代にか三室や大宮の氷川社から分霊し、広がっていったものと思われます。

見沼と漁猟

見沼は、女体社の神領でしたが、江戸時代になると、周辺の村々でも漁猟が行われるようになります。神主家文書によると、「水縁二十七ヶ村の里民魚猟の料を当社に納む」とあります。今日でいう入漁料でしょう。女体社の神領である見沼で漁猟を行うわけですから、当然入漁料を取っていいわけでした。

このように、入漁料を取るのも、江戸初期までです。万治年間（一六六〇—）、運上沼となります。つまり、沼で捕れた魚を運上（税金）として差し出すことになったわけです。はじめは直接魚を出していたのですが、その後請負人によって金納に変わります。

この場合、請負人となる者には条件がつけられ、運上とは別に女体社に対して神前へ供える魚を差し出すことを付け加えています。これらの魚は、年間鯉七〇本と、鮒百枚となっています。

ここに、「見沼運上入札前の申渡書」というのがあります。

これには、運上入札前に請負人へ通達する事項がこまかく書かれています。それによると、見沼での魚漁がなくても、女体社へちゃんと規定の鯉鮒を差し出すこと、運上金は猟がなくても期限までに納めること、請負に当たっては、きちんとした証人を立て、家屋敷を質として入れ、不埒《ふらち》の時は家屋敷を召上げ、損があっても一切文句を言わない——と、まことに厳しい条件となっています。

請負人は、このように厳しい条件を付けられる代わりに、見沼における漁労権の一切を得ることになります。したがって、見沼に面する村の里人も、許可なく勝手に沼の魚を捕ることはできなくなりました。しかし、いつの時代にも隠れてやる悪い奴はいるもので、ここでも密漁禁止のお触れを出しています。

見沼隠魚猟禁止触

一、武州見沼魚漁運上之儀、鯉屋仁兵衛ト申者ニ請負申付置候処、右沼廻リ所々ニオイテ隠シ猟致シ候者有之之段相聞不届ニ候、向後隠猟一切不可致候、若相背候有之候ハバ吟味之上趣度ニ申付候也

他の文書によると、この頃、沼に魚があまりいなかったのか、網を入れても魚は一匹もかからず、蛇が二ざるほど引掛りとか、片目の鯉がたくさんいて、これを捕った者は一生盲目になるとか、魚がたくさん捕れた記録は見当たりません。また、請負人がなく、神前へ供える魚に事欠き、寺社奉行所へ再興願いを出したりしています。

さらに、請負人が神供用の魚を一切渡さなくなり、とうとう奉行所へ訴訟を起こす事態まで発展したりしています。

氷川女体神社神供肴につき訴訟

武州足立郡見沼之儀ハ、氷川女躰明神之御手洗ニテ御座候ニ付、神供之肴先規者拙者共手前ヨリ取奉備候処ニ、去ル亥ノ二月御運上御請之小左衛門御訴訟申上候ニ付テ、御負之魚屋方ヨリ神供之肴毎月神主方へ相渡申様ニト被為仰付候所ニ、彼小左衛門当三月ヨリ肴一円相渡シ不申候

三月から八月まで、魚を一匹も神社へ納めていない、とあります。魚が捕れなかったのか、それにしても、いい加減なのが、いつの世にもいるものです。

四

武州一宮の神官家

1　古代の武笠氏

出雲族

武笠神主家の祖先が出雲族ではなかったか、というのは、次のような事柄から推定できるのではないかと思います。

まず、古代から出雲の神を祀っていること。女体社の由緒書にも、崇神天皇の御代に出雲から氷川の神を勧請した、とあります。これを裏付けるように、出雲の加茂に鎮座する神原神社の記録にも、武蔵の氷川社が崇神天皇の時代に出雲から氷川の神を勧請したと記しています。

崇神天皇時代の氷川社は、女体社・男体社と分裂しておらず一体であったといわれていますから、神主家も同一族であったと考えられます。古代に同一体であった女体社・男体社の祖先は、弥生時代に出雲からこの地にやってきて、三室山に出雲の神を祀り、ここに住み着いたと考えられます。三室山に祀ったのが、出雲族の祖である須佐之男命であり、その妻神奇稲田姫命だったのでしょう。

武笠神主家ともっとも関係の深かった大宮氷川社西角井家には古代からの系図があり、その祖を、出雲に降臨し出雲族の祖とされている天穂日命《あめのほひのみこと》としています。

武笠神主家の墓地から望む女体神社の森

武笠神主家にも古系図があったと思われますが、室町時代武笠長盛のとき、盗賊に襲われ、記録が焼失した、とあります。日大文理学部図書館に寄贈されている「武笠文庫」の中の資料には、その祖を天御《あめのみ》中主尊《なかぬしのみこと》とし、六世孫に高魂尊《たかむすびのみこと》などが記されています。武笠長盛は、高魂尊から五十三代になっています。しかし、これらは他の家系図もそうですが、家系の古さを示すため、適当に作り上げられた可能性も否定できません。

それら系図よりも、武笠家が出雲とかかわっていることを証明する重要な証拠は、弥生時代からと考えられる三室山の信仰を、同一場所で続け行ってきたことです。これは、神社を祀り、出雲神を祀ってきた神主家だったからこそ、証明できるのだと思います。

いずれにしても、三室の女体社も、大宮の

氷川社も、古代から同一体であり、出雲の神を祀っていたことから、その祖が出雲からやってきた出雲族だったことは間違いないと思われます。

古代、出雲族は、日本の各地へ新天地を求めて進出し、広がっていったようです。アメリカ西部開拓とは逆に、東部へ、東北へと歩を進め、その一団が、見沼のほとりまで達し、ここを安住の地と定めました。開拓の当時、幾多の困難が伴ったと思われます。彼等は、祖先の出雲の神々に、すべてがうまくいくことを祈ったに違いありません。やがて生活も安定し、一族もふえたとき、見沼の三室山を拝する場所に神祀りの場をつくって、祖先の霊を祀ったのです。

国造・郡司

女体社の由緒書に、古代の佐伯武笠氏について、次のように書かれています。

一、人皇四十代天武天皇の御宇白鳳《はくほう》四年武蔵一宮御再栄有之、神主佐伯朝臣国造《さえきのあそんくにのみやつこ》を足立郡司に兼任せらる。

天武天皇は、奈良に都を定めた奈良朝最初の天皇に当たります。この時代佐伯武笠の祖先が足立郡の国造になっており、その上に足立郡の郡司も兼任したことを述べています。

国造とは、一国一員の神祇祭祀《じんぎさいし》を職掌《しょくしょう》する、いわゆる新国造（律令国造）です。旧国造というのは、大化改新前の国造で、これは祭祀の職掌とは関係なく国を統治するものでした。大化改新によって中央集権的な組織ができあがりましたが、この際地方制度として国司・郡司の制度が設けられ、以前の国造は廃止されました。改新後は、国造・郡司の上に国司が中央から派遣され、したがって新たな国造・郡司は中央組織のワクの中に置かれることになります。

国司は、中央から派遣されてくるのですが、国造や郡司は、以前から国造（旧）をやっているような在地に勢力を持つ者が選ばれました。旧国造の国は、郡の規模です。祭祀権を持つ新国造は、その範囲も広がり、武蔵国における一切の神祇祭祀を司ったものと思われます。このことは、氷川社が武蔵一宮となったことでも分かります。したがって、この時代氷川社は一体であり、佐伯武笠氏も氷川社神官家の一員として祭祀にあずかっていたことを物語っています。

また、佐伯氏が郡司を兼任したことを述べていますが、奈良時代のはじめ在地においてこのような勢力があったことは、かなり古い時代からこの地方に勢力の基盤をつくっていたことを示すものです。これは、氷川社という由緒ある神社を中心として、一族が団結して地位を築いてきたことによるものでしょう。

『続日本紀《しょくにほんぎ》』神護景雲元年（七六七）一二月六日と八日の条に、

壬午（六日）武蔵国足立郡の人、外従五位下丈部直不破麻呂《はせべのあたえふはまろ》等六人に、姓を武蔵宿禰《すくね》と賜う

甲申（八日）外従五位下武蔵宿禰不破麻呂を、武蔵国の国造となす

と記されています。

丈部直不破麻呂は、女体社武笠氏と関係の深かった氷川社神主西角井家の祖先となっています。なお、一族とともに由緒ある武蔵宿禰の姓を賜ったとありますが、一族の一員として、この中に佐伯氏も入っていたのではないでしょうか。

このほか、西角井氏系図には、何人かの国造・郡司の名が見られます。このことから、国造・郡司の職は、氷川社神主家によって占められ、奈良から平安時代にかけ、氷川社を中心として足立郡に祭祀権とともに勢力を持ち、この地方の中心的な存在になっていたことを物語っています。

従五位下

もう一つ、『武州一宮女躰宮御由緒書』に、次のようなことが書かれています。

一、人皇六十代醍醐《だいご》天皇之御宇、神主佐伯朝臣幸栄に従五位下を下し賜ふ

人皇六十代醍醐天皇は、平安中期に当たります。天武天皇が四十代となっていますから、醍醐天皇まで二十代、その間二〇〇年を数えます。

佐伯武笠家についての古系図がないので詳しい系譜は分かりませんが、天武天皇の奈良初期に国造・郡司に任命された佐伯〇〇と、この醍醐天皇時代の佐伯幸栄だけは、飛び飛びではありますが、武笠の祖先として武笠家系図に記すことができます。古代に、武笠の祖先が確かに名を連ねていたということだけは、間違いなさそうです。

「佐伯朝臣幸栄に従五位下を下し賜ふ」とありますが、この時代、従五位下といえば、地方の神社神主にとっては破格のものではなかったでしょうか。

神護景雲元年（七六七）に国造に任命された、西角井家の祖、丈部不破麻呂も従五位下でした。記録に見えるところでは、延暦一四年（七九五）に武蔵国造に任命された不破麻呂の子弟総《おとふさ》も、同じく従五位下となっています。

このような位階は、当時、人だけではなく、神社とか山にも与えられています。『日本三代実録』によると、平安三年（八五九）正月一七日、氷川神社に、従五位上の神階が授与されたと記されています。この時代、佐伯武笠氏も、氷川社の神官でした。

このような授階または授与は、大和朝廷に対するなんらかの忠誠、貢献に対するもので、授階される側でも、これによって自己の権威を示し、祭祀や政治にうまく利用したものと思われます。

2　平将門の乱と武笠氏

平将門の乱とは

十世紀も中葉近く平安時代中期、坂東の地で日本の歴史をゆるがせた承久・天慶の乱が起こります。すなわち「平将門の乱」です。この将門の乱に出てくる足立郡司武蔵武芝《むさしたけしば》が、武笠氏の祖先につながります。

ではまず、その平将門と武蔵武芝のかかわりから述べてみましょう。

平将門と武蔵武芝は、もともと何のつながりもありません。将門は下総《しもふさ》国豊田郡に本拠を構え、若年のとき、摂政藤原忠平の家人となり、検非違使《けびいし》の職を選んだがなれず、下総に帰り父の遺領下総国豊田・猿島・相馬などの地を支配していました。付近には一族の国家・良兼・良茂らの所領が混在していたので、父の遺領をめぐり争いが絶えず、将門はついに国家を殺害するにいたります。

武蔵武芝は、天穂日命《あめのほひのみこと》を祖とする武蔵国造不破麻呂の六代の孫に当たります。この頃祖先のあとを継ぎ、武蔵国造と足立郡司、それに判官代という役職を兼ねていました。

平将門と武蔵武芝の出会いは、武芝と国司代の争いに将門が介入してきたことによります。

すなわち、将門を主人公として書かれた実録的な記述の『将門記』によりますと、天慶元年（九三九）、足立郡司武蔵武芝と国司代武蔵権守《ごんのかみ》興世王《おきよおう》および介《すけ》源《みなもとの》経基《つねもと》との間に衝突が起こりました。これは、その年に着任したばかりの興世王と源経基が、それまでの例を無視して強引に武芝の管理している足立郡の正倉を検査しようとしたためです。武芝は、従来から正位の国司到着以前に郡衙《ぐんが》（郡司の役所）を調べる例はないとして入部を拒んだのですが、興世王たちは兵を率いて入部し、武芝の舎宅を襲い、周辺の民家からも徹底的に租穀《そこく》を取り上げて去りました。

平将門の首塚

　この噂を聞いた平将門は、興世王や武芝と特別な関係はありませんでしたが、この争いを和解させる必要があると述べて、ただちに兵を率いて武蔵に進入し、武芝とともに興世王らのいる国府へ向かいました。このように、武芝と興世王の争いに将門が介入してきたことから、それぞれのかかわりができ、『将門記』に登場してくることになります。武芝といい、将門といい、正義感の強い男であったと思われます。将門が武芝の意気に感じ、わざわざ駆けつけてきたのかもしれません。
ともかく、武笠氏につながる者が、日本の歴史に登場してくるのですから、痛快な話です。ただし、武蔵武芝が姿を現すのは、この『将門記』だけで、他の文献には見られません。

武蔵武芝と武笠氏のつながり

武蔵武芝については、西角井家系図に見えますが、どうも直接武笠家につながるのではないか、という気がします。武蔵武芝と武笠の名前を見ただけで、そのような感じを受けないでしょうか。武蔵戦国期の武笠家の祖先に「武笠房武」とか「武笠武豊」など「武」が重なる名前が見えます。武蔵武芝は平将門が亡ぼされたあと、結局失脚するのですが、武蔵を名乗れなくなって、その後名前を変えたのではないかとも思えます。すなわち「武蔵武芝」と武が笠に重なるので、「武笠」としたのではないか——と。

武蔵が、いつ頃から、どんないきさつで「角井」に変わったのか分かりません。しかし、武蔵武芝が武笠に変わったとしても、この場合たいして抵抗を感じません。武笠家の古系図には、あるいは直接祖先の名前として武蔵武芝が記入されていたかもしれません。

直接武蔵武芝と武笠がつながらなくても、西角井家系図でも、つながりはあります。ちゃんと、つながるのです。つまり、鎌倉時代になりますが、角井家から佐伯武笠家へ嫁に行った女子がいます。頼朝の治承年間に、正家という者の子に正親・正永・正秀といって最後に女子がいます。この女性が「佐伯経高妻」となっています。佐伯経高は、両家が同じ氷川社の神官家であることから、佐伯武笠神主家の祖先であることは間違いありません。

両家の関係を系図に示せば、次のようになります。

天穂日命―略―兄多毛比命（无邪志国造）―略―不破麻呂（武蔵国造）―弟総（郡司大領）

―武芝（郡司・判官代）―略―正家（正六位上）―正親
　　　　　　　　　　　　　　　　　　　　　　―正永
　　　　　　　　　　　　　　　　　　　　　　―正秀
　　　　　　　　　　　　　　　　　　　　　　―女子

女子・佐伯経高―武笠神主家

お互いに神官家で、古代から姻戚《いんせき》関係があったと思われますから、あるいはこれ以外にも、行ったり来たりといったかかわりがあったかもしれません。

とにもかくにも、これでなんとか、武笠家と武蔵武芝とは、つながりができたわけです。

武蔵武芝は、足立郡の郡司で判官代も兼ねていたとありますが、その本拠がどこにあったかは明らかでありません。国造も兼ねていたと思われるところから、大宮氷川社の付近とも言われています。しかし、「みむろ」という地名から、当時三室の女体社付近が氷川社の本拠であったと考えられないこともありません。いずれにしろ、国造・郡司の系統から、武蔵武芝が、氷川社や神官家とかかわりがあったことだけは確かなようです。

3 承久の乱討死

鎌倉時代の氷川社

氷川社神主家は、武蔵一宮として、また武蔵国造として、氷川社ならびに武蔵国の祭祀を司るとともに、この地方に古来から勢力を持った在地豪族としての一面もありました。

平将門の乱で武蔵武芝が一時失脚して、氷川神主家も窮地に落ちましたが、長い時代にわたって築き上げてきた基盤が、この位のことで崩壊するわけはありません。その後も氷川社系の子孫たちが足立郡司にカムバックして、活躍を見せています。

平将門の乱で分かるように、この時代になると、各地に強力な武士団が発生します。やがて貴族に代わって、武士の時代が訪れ、平氏の時代から源氏の時代へと急速な展開を見せていきます。鎌倉時代、足立郡に勢力基盤を持つ氷川社系の豪族たちは、どのような動勢を見せていたでしょうか。

頼朝が鎌倉に幕府を開くと、関東の武士団は後家人として幕府の統治下に入りました。領地を安堵される代わりに、戦時にあっては、一族を率き連れて、幕府の下に馳《は》せ参じなければなりません。関東平野には、このような後家人の武士団が、各地に割拠《かっきょ》していました。

氷川神主家は神職が本職で、専門の武士団ではありませんから、単なる後家人としての存在ではなかったと思われます。詳しい資料がないので分かりませんが、武蔵一宮・国造としての家柄から、半独立的なものではなかったでしょうか。しかし、天下は幕府の支配するところであり、関東はその基盤です。一宮としての氷川社も、鎌倉幕府と何のかかわりもなかったとは思われません。

頼朝が去り、源氏三代が終わると、次に幕府の実権を握ったのが北条氏です。この北条氏と氷川社のかかわりを示す事柄を、二、三紹介しておきましょう。

正親、承久の乱で討死

承久の乱は、鎌倉幕府に対抗して京都の後鳥羽上皇を中心とした反幕派が倒幕計画をもくろんだことに端を発して起こった争乱です。

はじめ鎌倉では朝廷を敵にまわすことから慎重論もありましたが、先制攻撃で京都を突くという強行論に傾き、積極作戦にふみ切ったものです。幕府の動員令によって東国の武士は続々と馳せ参じ、その数は十数万になったといわれています。東海道は北条泰時、東山道武田信光、北陸道は泰時の弟朝時が、それぞれ大将軍として京都へ攻め上がりました。

この当時、大神社はそれぞれ武士団を伴っていました。ここに、信濃の一宮諏訪《すわ》大社が承久の乱へ参戦したときの記録があります。それによると、諏訪氏は、早い時期に鎌倉幕府のもとへ馳せ参じ鎌倉御家人となっており、この時、諏訪氏のもとへも鎌倉から動員令が到着しました。一族は早速評議しましたが、京都の朝廷を敵にまわすことから、合戦への出陣の是非をめぐって議論がわき、ついに神の決裁を仰いで態度を決定することになりました。

この諏訪一族、いや諏訪国を支配するのが神官の最高位にある大祝《おおほうり》ですが、この大祝が神前で慎重に可否を占ったところ、神のお告げは「さっそく出陣せよ」というものでした。この神判によって諏訪氏一族は東山道軍に従って出陣したといわれます。

おそらく、この動員令は氷川社一族にも達していたものと思われます。当時、氷川社は足立郡一帯に勢力を持ち、武士団も擁していたと考えられますから、大宮の氷川社、三室女体社の神官家一族を含めた武士団が出陣していったはずです。

西角井家系図には、正家の嫡男正親が承久の乱で討死したと記されています。討死の場所などは明らかでありませんが、多分泰時に従って東海道を下ったのではないでしょうか。東海道軍は、途中たいした抵抗もなく京都まで進みました。上皇方は、瀬田・宇治の線に主力軍を投入、最後の抵抗を試みます。この瀬田・宇治の戦いで鎌倉軍も相当の犠牲者を出しているところから、正親も、多分ここらあたりで討死したのではないかと思われます。

嫡男正親の討死によって次男正永が家督を継ぎ、その妹が佐伯武笠経高に嫁しています。このことから、神主家も嫡男みずから出陣しており、幕府の前にあっては氷川社も特別ではなかったことがうかがえます。なお、正永から三代の次男正興も、北条高時に仕え、鎌倉葛西谷で討死となっています。このように、氷川社一門も、神を奉ずる職にもかかわらず、合戦にも狩り出されていたわけで、このような世相とはいえ、厳しい時代であったことをうかがい知ることができます。

北条氏、太刀を女体社へ奉納

氷川女体神社の社宝の中に、一振りの太刀があることは前に述べました。神社の記録では、北条泰時が奉納したとしています。北条氏は時政から義時と受け継がれ、三代目が、北条泰時です。承久の乱で主役を演じ、貞永式目《じょうえいしきもく》などを制定、北条氏執権《しっけん》政治をみごとに軌道に乗せた人物です。

この泰時が、武蔵国足立郡の一角にあった氷川女体社に太刀を奉納したことは、北条氏と女体社に当時深いかかわりがあったことを示しています。泰時は承久の乱で、東海道から京都へ攻め上がった主力軍の総大将として出陣、みごと勝利を納めました。その戦勝記念として、この太刀を奉納したものでしょうか。あるいは神主家の一門も出陣し、戦いで勲功があり、神主家および武蔵一宮への感謝の意味で奉納したものなのでしょうか。

ふつう神社へ太刀などを奉納するのは、戦いに勝利を得るため願いごとをする場合、あるいは勝利を祈りその願いが叶えられた時、平時にあっては一族の繁栄、家門の安泰といったことを祈る時です。泰時がどういった理由で太刀を女体社へ奉納したか、そのような記録はありません。

当時、天下の北条氏が太刀を奉納するということは、なんらかの特別な理由があるはずです。氷川女体神社が、それだけの価値ある神社であったという、確かな証明になるのではないでしょうか。

4 岩槻城攻防と武笠一族

後北条氏とのかかわり

九州の島津を討ったあと、全国統一をめざす秀吉の目は、関東の方へ向けられました。奥州には伊達政宗がいまだ秀吉に屈服せず、関東の雄後北条氏も、ほぼ関八州をその勢力下におき、秀吉へ服従する気配は見せていませんでした。

　後北条氏とは、北条早雲以来氏綱・氏康・氏政・氏直の五代にわたって相模から興って以後関八州を支配した北条氏のことを指します。鎌倉時代、源氏に代わって幕政を執った鎌倉の北条氏と区別するため、室町戦国時代の北条氏を、歴史家は後北条氏といっています。

　秀吉は、はじめ北条氏との決戦を避け、平和裏に事をおさめるつもりでしたが、真田昌幸に分かち与えることになっていた信州名胡桃《なぐるみ》城を北条氏が強引に奪い取ったことから激怒、北条征伐を決意したといわれています。

　北条氏は、関東にその基盤をつくった早雲以後、小田原に本城を構え、二代氏綱の時代には武蔵付近まで進出していました。氷川女体神社に伝わる古い文書に、北条氏綱が三室郷に発した制札がありますこれは、この土地における軍勢の濫妨狼籍《らんぼうろうぜき》を停止した、つまり布告みたいなものです。

制札は、北条氏の勢力が、この地に及んだことを証するものです。

　制札には、次のように記されています。

制　札

三室郷

右於此在所軍勢甲乙人等濫妨狼籍之事

堅停止之畢至于違犯輩者可処罪科状如件

大永四年八月廿六日　　花押（北条氏綱）

北条氏が進出してくるまで、この一帯は岩槻城太田氏の支配地域となっていました。太田氏は、江戸城・川越城・岩槻城などを築いた太田道灌の子孫です。この当時太田資正で、この付近は、しばしば越後から関東へ南下してくる長尾景虎（のちの上杉謙信）と南から関東を制しようとして出てくる北条氏との衝突地ともなっていました。岩槻太田氏は、北条氏の権威にさらされながらも、この地で最後までひとり北条氏に抗していたのです。

氷川女体神社に伝わる大般若経については前にふれましたが、この六百巻の膨大な経文を、戦国時代に真読した者がいます。川越中院の僧奝芸《ちょうげい》で、岩槻太田氏繁昌のため行ったといわれます。一般に、経文のはじめだけを読む転読しか行われず、真読は至難の業とされており、今日まで六五〇年の間、真読をした者は奝芸の一人きりです。

関東も、三代氏康、四代氏政の代になると、ほぼ北条氏に制圧され、岩槻太田氏は、氏政の次男氏房が婿養子に入ることで、後北条氏と一体となりました。

元亀三年（一五七二）、後北条氏から女体社神主あてに印判状が出されています。これは、支配地域に入った氷川女体社を保護するために発せられたもののようです。

岩槻城跡

岩槻城籠城

後北条氏にとってみれば、早雲から五代も続いている関東の王者です。百姓から成り上がった秀吉ごときに、屈服する気にはなれなかったのでしょう。話がこじれた以上、後北条氏も後には引けません。決戦に備えるしかなかったのです。着々と、その準備は整えられていたのです。

天正十四年正月早々、北条氏は城普請《ぶしん》のため領下の農民に対して小田原参集を命じました。岩槻領においても城主太田氏房は、小田原本城の動きに呼応して領内の農民に岩槻城普請を命じる印判状を発しています。後北条氏の秀吉決戦に備える臨戦体制が、領下農民への動員となって表れたのです。

これらの城普請に対する強制は、以後も弱

まることなく天正十八年まで続きます。普請では領下の農民に、道具として鍬《くわ》や簣《もっこ》を持って集合せよと命じています。岩槻の支配下にあった浦和や三室付近にも及んでいます。「何れの御領所も、男はその郷に一人も残さず、代官が悉く《ことごと》召し連れよ」としています。

武笠家は神主家ですから、城普請は免れたと思いますが、村の農民たちは、この動員令が適用されたはずです。鍬や簣を持った農民たちが、代官に引き連れられ岩槻の城へ赴いたのでしょう。

天正十五年以降は、城普請に加えて、農民の徴発へ進展していきました。両者激突の危機は日増しに高まり、北条方は軍事力の充実に狂奔《きょうほん》していたのです。これは、後北条軍の中心的戦闘員である侍数の絶対的不足を示すもので、動員は農民のほか商人・職人といった類にも及んでいます。

動員の対象は、十五歳から七十歳までの男子で、とくに健康で活躍できる者としています。武器は、弓・鑓《やり》・鉄砲のいずれでも心次第、とあります。これは各郷に割当てられ、動員できる者の名を帳付して提出させています。

この当時、神主武笠房武は、氷川女体神社神主の上に岩槻城家老を兼職していました。したがって、房武は家老として岩槻城の全般的な指揮をとるとともに、神社や神領内の農民の動員などで多忙をきわめていたはずです。

天正十八年になると動きが活発となり、秀吉は前もって宣戦布告を突きつけており、約二十二万の軍勢が、東海道や北陸道を経て一斉に関東へ向け進撃を開始しました。二月七日に発した家康の先鋒軍に続いて、三月一日には秀吉も直属軍三万を率いて出発しています。

岩槻城土塁跡

一方、小田原本城を中心に関東各地にある北条方の支城でも、決戦に備え、即刻領内に出陣の命令が出されました。これまでに城の修築、武器の製造や兵糧の確保、兵士の増強が実施され、大方の準備は整えられていました。しかし、北条氏の劣勢は明らかで、兵力も秀吉軍の二十二万に対し、後北条方は三万五千程度です。さらに、火器の鉄砲は少なく、軍備の点でも差は歴然としていました。

本城の小田原城では、重臣が集まって小田《お》原《だ》原評定《わらひょうじょう》が開かれました。出撃説もありましたが、籠城で闘い抜いた経験があって、籠城と決定したようです。関東各地の有力な支城である鉢形城・八王子城・岩槻城などでも、決戦に備え、籠城の準備がなされました。

しかし、小田原本城増強のため支城の精兵が城主とともに小田原へ移ったため、支城は手薄になりました。岩槻城も城主太田氏房以下精鋭三千が小田原城へ移り、あとに残ったのが宿《しゅく》将《しょう》伊達与兵衛以下わずかに二千でした。その大部分は、徴発された農民兵であったようです。本城へ移った兵士の妻子は、ほとんど岩槻城内に入れられました。離反しないための人質だったのです。武笠房武は、留守部隊の家老として岩槻城に残りました。一族郎党、ならびに神領内の農民たちも、房武に従ったに違いありません。近くの三室村や浦和の農民たちも、馴れない手つきで武器を持ち、籠城していたはずです。

岩槻城攻防

秀吉軍と後北条軍の衝突は、天正十八年三月二十五日前後の駿河《するが》、伊豆国境付近にある城の攻撃から始まりました。後北条側は、足柄《あしがら》・山中・韮山《にらやま》の三城、つまり箱根の険を防御《ぼうぎょ》の前線として秀吉軍に対抗しましたが、防御線の要《かなめ》であった山中城は、羽柴秀次らの攻撃によって一日で陥落してしまいます。軍勢は、山中城を陥した勢いで、四月三日には小田原まで進み、小田原城包囲の態勢を整えています。小田原城は堅固な城で、重要地点には一族重臣を配して守りを固め、太田氏房の率いる岩槻勢は、久野口・井細口の守備に当たっていました。

一方、岩槻城の攻撃に向かったのは、浅野長吉・木村重茲と、家康麾下《きか》の本多忠勝・鳥居元忠・

平岩親吉らの一万三千の軍勢で、その後中途で増派された軍勢を含めて約二万余人とされています。これに対して岩槻城防衛軍は、留守を預かった宿将伊達与兵衛房実以下二千余人です。家老武笠房武は、岩槻城地蔵橋付近を守備する城兵の指揮に当たり、一族郎党ならびに三室・浦和などの農民兵もこれに従いました。

浅野軍は五月十九日岩槻城近辺に到着、翌二十日早朝から早速攻撃を開始しています。攻撃は大手門（西南部）、新曲輪《くるわ》（南部）、搦手《からめて》（北部）の三方面から行われ、その日に城下町・外曲輪および二の丸・三の丸は押し破られて、城兵も多数が討ち取られ、わずかに本丸を残すのみとなりました。

なにぶん戦国の合戦で場数をふみ鍛えられてきたプロの精兵に対し、岩槻勢は、無理矢理狩り出されてきた農民兵が大部分です。勝ち目はありません。この日一日で討ち取られた城兵の首は一千余、城兵の半数に達しています。生き残った者も、大方傷ついていたに違いありません。「城中然るべき者は大略討死候て、残る者は町人・百姓、そのほか妻子の類迄に候」という衰勢ぶりでした。

しかし、このような乱戦の中、城兵もかなりの善戦を示しています。その中でも大手門（車橋門）付近が最大の激戦であったようです。城兵も大手門を突破されれば先が見えてしまいます。ここを先途と怒濤《どとう》のように押し寄せる敵と必死に戦ったに違いありません。大手門を守備していたのは家老妹尾兼延らで、車橋門から城内へ入ろうとする本多忠勝の一隊と激しい戦いになり、忠勝の手兵多数を討ち取っています。この混戦の中、兼延は本多忠政と渡り合い、ついに討ち取られます。

また、隠居曲輪《いんきょくるわ》を陥れ二の丸に入った一隊は、いったん本丸に攻め入りましたが、城兵に囲まれてほとんど討死し本丸外へ押し出されました。

攻囲軍は、軍議を重ねて一時兵をおさめ、警戒を厳にするとともに、重ねて本丸を攻撃することを軍監赤座直保を通じて秀吉に注進しました。

逃散事件

城普請のため農民たちは強制的に徴用され、また領内の兵糧は一俵残らず岩槻城内へ運び込ませました。寺院の梵鐘《ぼんしょう》も、鉄砲の玉や刀、鑓《やり》などの武器、弾丸鋳造《ちゅうぞう》の材料として徴発されています。

このような時期に、北条氏の臨戦体制に動揺を与える農民の抵抗事件が起こりました。相次ぐ軍事力の強化によって、郷村における農民の抵抗も熾烈化《しれつか》し、年貢納入や普請役を忌避《きひ》して、各地で欠落《かけおち》・離村・逃散《ちょうさん》が起こっていたのです。

「太田氏印判状」によると、浦和の太田窪郷で、右衛門尉という者が課役を忌避して欠落し、その影響で郷中の者ならびに被官百姓《ひかんびゃくしょう》（隷属農民）らが連鎖的に太田窪郷から集団、村ぐるみで欠落・逃散するという事件が起こっています。

ここで、事件の張本人とみられる右衛門尉という人物に注意してみたいと思います。先に岩槻城

武笠房武の首塚のあった付近

に籠城した女体社神主で岩槻城の家老をも兼ねていた武笠房武の弟を、「右衛門尉武豊」といいます。太田氏印判状には「右衛門尉」とだけで、はっきりした名前は分かりません。しかし、どうも武笠右衛門尉武豊が、この人物のような気がするのです。

右衛門尉武豊は次男ですから神官家を継ぐ必要はなく、この当時の慣例により、右衛門尉も三室から近い太田窪郷あたりの豪農か名主家あたりへ養子にでもいっていたのではないかと思えます。

岩槻城や北条氏が、豊臣秀吉に対抗して決戦を挑もうとも、浦和の百姓たちには、たいしてかかわりもないことでした。城普請の徴用、年貢の徴収など、あまり過酷なやり方に憤激していたのかもしれません。関東の雄北条氏も、天下を平定しつつある秀吉にかなうわけはなく、敗けるに決まっている戦さに、はじめから協力する気になれなかったとも思えます。兄房武が岩槻城の家老職ですから、その手前からも一族として北条氏に協力しなければならなかったのですが、兄は兄、信念は信念と、割り切っていたのかもしれません。また、北条氏がつぶれても、どっちか生き残れて武笠神官家を存続できる、という深慮からきていたと思われないこともありません。

その前月、比企郡戸守郷の深谷兵衛尉という者も、年貢未払いのまま欠落していましたが、これは他に波及せず、のちに帰村しています。時局がら、ことの重大性を認識した城主太田氏房は、事件の穏便《おんびん》処理を図り、逃散当事者の右衛門尉・被官・名主・百姓中に対し、欠落の罪を問わないから郷に還って普請に従うように命じています。その後の記録はないので、結末はどうなったか分かりませんが、おそらく戦いが済むまで、帰村しなかったのではないかと思えます。

武笠房武討死

江戸の文化文政年間に編まれた『新編武蔵風土記稿』の三室村の項に、氷川女体社について「神主武笠外記、佐伯姓なり、先祖は天正十八年岩槻へ籠城して、討死せり」と書かれています。名前が記されていないので、誰か分からなかったのですが、浦和の文書館に寄託してある「武笠神主家文書」を調べていて判明しました。

それによると、「先祖一宮佐太夫佐伯房武、岩槻の城主太田氏房の家門に相成り、家老職罷奉、同家滅亡の節岩槻城内字地蔵橋に出所討死、実弟武笠右衛門尉佐伯武豊相続　神主奉職」とあります。このことから、房武が岩槻城攻防の折、城内の地蔵橋付近で討死したことが分かります。

また、房武の討死によって、弟の右衛門尉武豊が武笠家と神主職を継いだとあります。

欠落・逃散事件の張本人である右衛門尉が、はたして武笠右衛門尉であったのか。もしそうであれば、運よく逃げ延び、戦さが終わったあと兄房武の死によって女体社へ還ったことになります。岩槻城ではほとんど半数以上が討死していますから、右衛門尉も城内にいれば、あるいは兄と同じように討死して、武笠家は断絶していたかもしれません。房武は、弟が逃散事件の張本人となり、みんなから非難されたことに責任を感じ、自ら打って出て討死したと考えられないでしょうか。しかし、右衛門尉についても、房武討死の模様についても、詳しく書かれた記録はありません。

房武の首は、一族によって引き取られてきたのか、女体社からさほど遠くない丘の上に首塚がつくられ、葬られました。岩槻城は、総攻撃で城兵の大部分は討ち取られ、中一日おいた五月二十二日、籠城軍も抵抗もこれまでと判断、宿将伊達与兵衛は本丸から傘を掲げて降伏を乞うたとあります。

秀吉は、小田原城については、降伏の詫言《わびごと》に対しても一切耳をかさず、一人も残さず討ち果たすように命じたといいますが、落城後の岩槻城の模様はどうだったのでしょうか。

岩槻城に対する処置については、北条氏直に宛てた書状によると、討ち取った首について、

一、討ち取った首は小田原城に持参しているので、城の南口に掛けておくこと
一、そのうち所望の首については、望み次第引き渡すこと

と記されていたとあります。

このことから、房武の首はみなの首と一緒に一旦小田原城へ送られ、誰かが小田原まで引き取りに行ったと思われます。弟の右衛門尉だったのでしょうか。とにかく三室へ持ってこられ、女体社の社地に手厚く葬られたことは間違いないようです。

戦いのあと

五月二十二日、岩槻城が陥落したのに続いて、二十三日には八王子城、六月十四日に鉢形城と、北条氏の有力支城は相次いで秀吉軍の前に屈服、残るのは本城の小田原城だけとなりました。最後の小田原評定が開かれましたが、秀吉はもはや評定を行う時間さえも与えませんでした。天正十八年（一五九〇）七月五日、天下統一を成し遂げんとする秀吉の前に、ついに北条氏は全面降伏をしたのです。秀吉は、氏政・氏照および老臣大道寺政繁・松田憲秀の四人に切腹を命じ、氏直は家康の女婿《じょせい》であると助命し、氏規などとともに紀伊高野山に放ちました。

戦い終わって、武蔵の田園にも再び平和がよみがえりました。百姓も町人たちも、もはや二度と城普請に狩り出されることも、死の脅怖にさらされることもなくなったのです。

武笠神主家では、北条氏のためにあえなく散った房武のために盛大な葬儀を行い、弟武豊がその跡を継ぐことになりました。神主家は右衛門尉によって、かろうじてその命脈《めいみゃく》が保たれたのです。

秀吉の関東侵略によって、北条氏支配下にある関東の人々は、おおかた近くの北条氏の支城へ籠り、秀吉軍と戦いました。私の母方の先祖も、北条軍に加えられていました。

私の母方の先祖は、もと近江六角氏に仕えていたのですが、文亀二年（一五〇二）六角氏の重臣伊庭氏の反乱の折、乱を避け関東へ下り、武州河内郷（現在の埼玉県児玉町河内）に住み着きました。当時原野であった河内の地を開拓、一帯を支配する小領主となり、はじめ上杉氏に属していましたが、のちに北条氏の勢力が及ぶにいたって北条氏に属しました。その祖を木村越後守といい、記録によれば、秀吉関東侵攻の折には二代目日向守が一族郎党を率き連れ、北条方の城に籠って戦っています。『新編武蔵風土記稿』にも、この木村一族のことが記されています。

幸い房武のように討死はしなかったようで、戦いのあとは帰農し、江戸時代、その子孫は、河内村の名主や旗本支配地の代官を兼帯して明治にいたっています。

この岩槻城で討死した武笠房武の子孫と私は知り合ったのですが、二人の祖先はともに戦国時代北条氏に仕え、秀吉軍と戦ったという、古い因縁があったわけです。あるいは、同じ北条氏に仕えていたということから、二人の祖先は、同じ武蔵国のどこかで会っていたかもしれません。武笠の祖先は、三室の三室山の神を、木村の祖先は金鑚の御室嶽の神を祀っていました。

武笠武豊には、二人の男子がありました。その後、嫡男家が代々神主家を、次男家が三室村の名主家を継ぐことになります。

北条氏のあとは、徳川家康が北条氏の故地関八州を秀吉より与えられ、これより徳川氏の支配下に入っていきます。

5　関ヶ原出陣

徳川家康と女体社

後北条氏の関東八ヶ国をそのまま領地としてもらった家康は、まず江戸城を拡張・修復して関東経営の本拠とし、三河からこれまで家康に従ってきた譜代の有力な家臣を関東の領国各地に配置、さらに伊奈忠次・大久保長安など有能な農政家に実際の施策を行わせました。

伊奈忠次は、はじめ家康の側近として頭角を現し、家康関東入部ののちは、初代関東郡代に任命され、田制の整理・治水・新田開発に貢献しました。

豊臣政権下の時代において、家康はすでに関東に行財政と軍事力の強力な基盤を着々と築いており、秀吉亡きあと中央政権における存在が群を抜いて大きく、重みをつけてきたのも、この関東領国経営の成功にあったといっても過言ではありません。

家康は、関東領国経営に入って間もなく、各領国内にある由緒のある寺社へ社領の寄進と安堵を行っています。氷川女体社に対しては、五十石の社領を寄進しています。五十石といえば、この付近では破格の石高です。岩槻城攻略を行った翌年に当たります。

寄　進

武蔵国足立郡三室郷内五拾石事

右如先規令寄付之訖弥守此旨抽武運長久之精誠可専祭祀之状如件

天正十九年辛卯十一月大納言源朝臣（家康）　花押

文面に、「先規の如く」とあるので、後北条氏（太田氏）時代の社領を安堵する形で寄付されたもののようです。

また、氷川女体社には、徳川家康奉納の銅馬があります。高さ一二センチ、首から尾まで一八センチの小さなものです。どういったいきさつで奉納されたのか記録がないので分かりませんが、絵馬でなく銅馬というのが面白いと思います。はじめは生きた馬を奉納していたようですが、ここでは銅馬となり、そのうち絵馬となっていきます。

このように家康が、女体社に対して五十石の社領を寄進したり、銅馬を奉納したという点から考えて、氷川女体社が、重要視されていたということが分かります。古代から大宮氷川社とともに武蔵一宮として、連綿と続いてきた由緒ある神社ということが認められていたのでしょう。

徳川家康は、〝悪がしこい〟というような意味から〝狸おやじ〟などともいわれていましたが、鳴くまでじっと待って天下を取った人です。やはりちゃんとした信念、信仰を持っていたのでしょう。死んで駿河《するが》久能山、日光東照宮に祀られ、自ら〝権現さん〟と崇められることになりました。

氷川女体神社は、徳川家康によってその地位を確保され、以後将軍が替わるたびに社領安堵が下され、また社でも、徳川氏のため武運長久を祈り、正月には江戸城大広間で将軍に独謁の栄に浴することになります。江戸時代を通じ、女体社と徳川家は深いかかわりで結ばれていくのです。

武豊、関ヶ原出陣

慶長五年九月十五日、美濃関ヶ原で徳川方の東軍と、石田三成方の西軍による天下分け目の〝関ヶ原合戦〟が行われました。なんと、この合戦に、氷川女体社の神主、武笠武豊が出陣していたのです。武豊は、岩槻城で討死を遂げた武房の弟、あの右衛門尉武豊です。

関ヶ原合戦については、いまさら説明するまでもありませんが、戦さは、やってみなければ、分かりません。結果的には家康が勝ちましたが、状況によっては家康が負けていたかもしれないのです。関ヶ原合戦の布陣の状況を見た外国のある軍事専門家は、一見して、これは西軍が勝つに決まっている、と言ったといいます。小早川秀秋らが寝返らなかったら、あるいは南宮山に陣を敷いていた毛利軍が、東軍の側面を突いていたら――、勝敗はどうなっていたか分かりません。その後の天下の情勢も、変わっていたかもしれないのです。

岩槻城攻防で討死した兄房武の跡を継いで氷川女体社の神官職についた武豊は、また討死するかもしれない関ヶ原合戦になぜ出陣したのでしょう。家康が負けることはない、討死などするわけはない、という確信があったのでしょうか。それにしても、武豊は徳川氏の直属の家臣でもないし、武士でもありません。家康から社領五十石を寄進・安堵されたという義理から、味方するという意味で参加したのでしょうか。

武笠神主家の記録書には、次のように記されています。

武笠右衛門尉佐伯武豊相続神主職奉職

慶長年間関ヶ原陣の節徳川身方にして上京軍中にて甲冑打物御拝領――

関ヶ原合戦に出陣し、その上甲冑打物を拝領したとあります。これは、どういうことなんでしょう。甲冑《かっちゅう》とは、ヨロイ・カブト、打物は刀でしょう。まさか、ヨロイ・カブト・刀を忘れて行ったわけでもないはずです。〝御拝領〟とありますから、おそらく何か手柄を立て、その褒美《ほうび》として貰ったものでしょう。考えられることは、武蔵一宮氷川女体社の神主として参加、家康の前で戦勝祈願を行い、家康方が大勝利したので、その褒美としてではなかったでしょうか。

もし、右衛門尉武豊が、あの岩槻城で逃散をもくろんだ張本人の右衛門尉であったとしたら、これで全く面目をほどこしたことになります。いや、そうではなかったとしても、武笠神主家にとって、何にもまして名誉なことではなかったでしょうか。

絵馬は、大願を祈願するとき、あるいは成就したとき奉納するものです。あの家康奉納の銅馬は、この右衛門尉武豊の関ヶ原出陣と、何かかかわりがあるような気がします。甲冑・打物を拝領したことでも分かるように、多分戦勝祈願を行い、合戦後江戸へ還った家康が、簸河明神へのお礼として奉納したのではないでしょうか。

6　武笠丹波守嘉隆

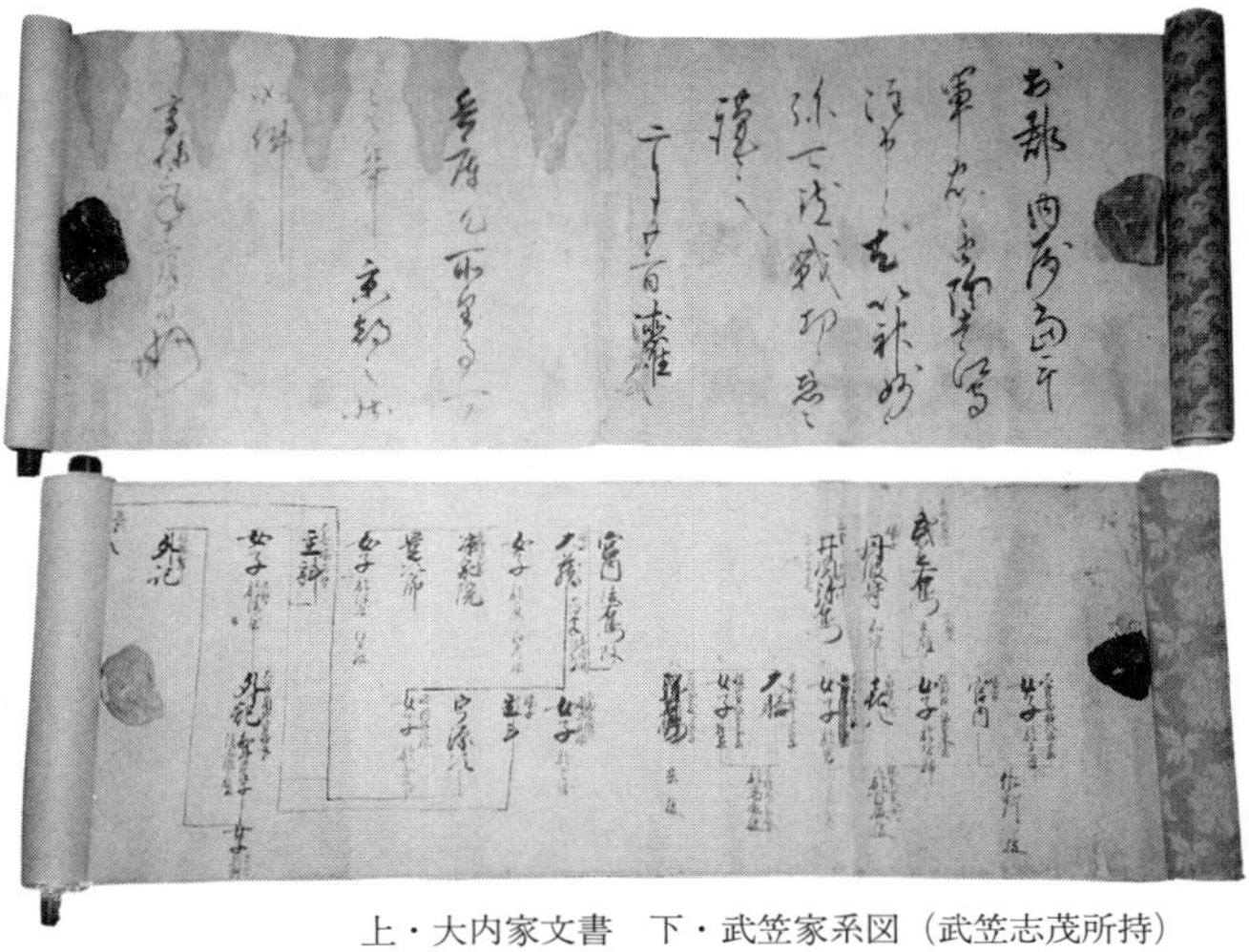

上・大内家文書　下・武笠家系図（武笠志茂所持）

神主家中興の祖

武笠丹波守嘉隆は、武豊から三代目に当たります。つまり、房武の弟武豊―豊雄―丹波守嘉隆となります。

武笠神主家については、戦国期より以前の系図が現存していないので、その事績・人物について詳しくは分かりませんが、判明しているだけで位階を叙せられているのは、醍醐天皇の時代「神主佐伯朝臣幸栄に従五位下を下し賜ふ」とあるだけです。

ところが、江戸時代宝永年間に至って、武笠嘉隆が従五位下に叙せられています。大宮氷川社は、何人か叙任者が見られますが、女体社は嘉隆だけです。したがって、女体社神主にとって従五位下は破格のものであったと思われます。

これほどの位階を叙せられるのには、それ相当の貢献、あるいは実績がなければなりません。嘉隆に、それ相当の働きがあったのでしょう。

> 口　宣　案
> 上卿　新源大納言
> 　宝永三年四月二日　宣　旨
> 　従五位下佐伯嘉隆
> 　宣　任　丹　波　守
> 　　蔵人頭右大弁　藤原尚房

武笠嘉隆は従五位下に叙せられるとともに、丹波守に任ぜられています。この時から嘉隆は「従五位下武笠丹波守嘉隆」となったのです。これは、氷川女体神社へ与えられた位階ではなく、嘉隆個人に与えられたものです。江戸時代を通じ、これ以後神主で叙階された者はいないので、嘉隆は江戸時代における神主家中興の祖ともいえます。神主の叙階は神社の格式にもなるわけで、従五位下は神社の格を、それなりに上げたといってよいでしょう。

武笠神主家の古文書の中に、京都の吉田家宛に出した官位昇進の礼状があります。嘉隆が従五位下に叙せられ丹波守に任ぜられた書状の日付が四月二日で、丹波守が吉田家へ出した礼状が四月九日となっています。書状が着いてから、早速礼状を出したものでしょう。このことから、丹波守の叙任については、京都の吉田家の尽力が大きかったのではないかと思えます。

この時代、京都の吉田家は、全国の神社の総元締といった役割をしており、吉田家の神道裁許状を得て祭祀に奉仕していました。丹波守の父親である右衛門豊雄の吉田家神道裁許状も、古文書の中に見られます。

そのほか、宝永年間の「鉄砲預り証文」というのが八通ほどあります。また、武笠神主家の墓地にある一番大きい豊雄の墓は、丹波守が碑文を書いて建立しています。

系図の中の丹波守

武笠丹波守について詳しく書かれたものはありませんが、江戸時代につくられた武笠家系図（武笠志茂所持）に、丹波守の人物像をいくらか垣間見ることができます。

この系図によると、丹波守には三人の妻がありました。正妻か側室か、分かりません。あるいは前の妻が亡くなったあと、後妻を二人次々にもらったのかもしれません。最初の妻が「佐知川」といいます。佐知川には、男と女の子が一人ずつです。長女お連舞は大宮宿助次郎の妻となり、嫡男宮内が神主家を継いでいます。

二人目の妻が「お百」で、梅原一夫の娘となっています。お百には三人の子があって、最初の娘が植田谷勘太夫へ嫁に行き、丹波守には次男の喜八が家持分地、つまり分家して、これが、私と知り合った武笠志茂の系統になります。

三人目が「お高」です。男と女の子が一人ずついます。男の子は大膳で、米原という家へ聟養子に行っています。女の子は、お恵です。植田谷勘太夫の妻になっています。ここで、「おや？」とお思いになりませんか。お百の娘と、お高の娘が、二人同じ勘太夫の妻になっているからです。前に嫁に行った娘が亡くなったので、また娘をやったのでしょうか。二人とも丹波守の娘をもらった植田谷の勘太夫は、小嶋勘太夫といって、現在の大宮市植田谷の足立神社の神官であったようです。同じ神官家ということから、特別な姻戚関係が結ばれていたのでしょう。

それに、最後にもう一人います。「妾腹」として、子の名前は消してあります。妻以外に、妾が一人いたことになります。妾の子は、火消屋敷へ養子としています。消してある名前をよく見てみると、「弥右衛門」と書いてあります。なぜ、妾の子の名前を消したのでしょうか。

系図も一般的なのは、直系の名前ぐらいで、母親の名前とか婚家先など、いちいち記入していないのが普通です。丹波守については、どういうわけか詳し過ぎるくらいに書き出しています。丹波守が中興の祖ということから、とくに入念に書いたのかもしれません。

これまで述べた丹波守の系図を、次に整理してみましょう。

江戸城

武笠丹波守嘉隆

- 女子　お連舞（大宮宿助次郎妻）
- 宮内　嫡男
  - （以上、佐知川の腹）
- 女子　お遊婦　植田谷勘太夫妻
- 喜八　家持分地
- 女子　お岩　大間木伝八母
  - （以上、梅原一夫女　お百殿腹）
- 大膳　米原聟養子
- 女子　お恵　植田谷勘太夫妻
  - （以上、曽根五郎兵衛殿女　お高殿腹）
- 弥右衛門（消してある）　火消屋敷へ養子
  - 妾腹

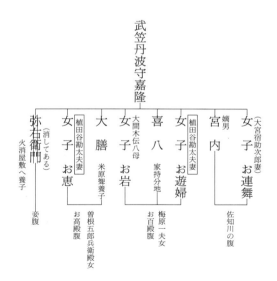

7　大宮氷川社とのかかわり

江戸時代、大宮氷川社とのかかわり

大宮氷川社と女体社とのかかわりについては、これまでに何度も述べてきましたので、ここでは江戸時代における関係を少し触れてみましょう。

大宮氷川社は近世初頭、神官家として、岩井・角井・内倉・金杉（後氷川と改める）の四家がありました。しかし、延宝七年（一六七九）、このうち氷川内記が改易《かいえき》・追放されるに及んで三家となります。氷川内記は、紀州家の鷹場で鳥を捕ったとして改易されたもので、上青木村（川口市）へ追放されているようです。

その後宝永四年（一七〇七）には、内倉修理が病死。家督が絶えたため、角井采女《うねめ》の後見人、角井五兵衛が内倉家を相続して、苗字を角井と称します。ここに、岩井家と、角井采女の系統、角井五兵衛の系統の三家となり、明治元年に采女家の方は東角井、五兵衛の方は西角井と称するようになりました。

女体社は、古代から一宮氷川社と一体として、これら神官家とも密接な関係が保たれてきました。

大宮氷川社

このうち、西角井家とは中世から縁戚《えんせき》関係も結ばれ、江戸時代にも深いかかわりを持つことになります。

武笠神官家は、西角井家の系図によると、丹波守の孫に当たる武笠大学の娘「おと清」が、角井出雲守監物へ嫁しています。

さらに、大学の嫡男で女体社神主を継いだ主計に男子がなく、このため娘お津屋に、角井家へ嫁いだおと清の三男幸貞を聟養子として迎えています。この幸貞が、のちに武笠外記・丹波として女体社神主を勤めます。

したがって出雲守のあとは、大宮氷川社の神主も、三室女体社の神主も、おと清の子が継ぐことになり、大宮氷川社と女体社は同一血縁となりました。

そのかかわりを、図で示してみましょう。

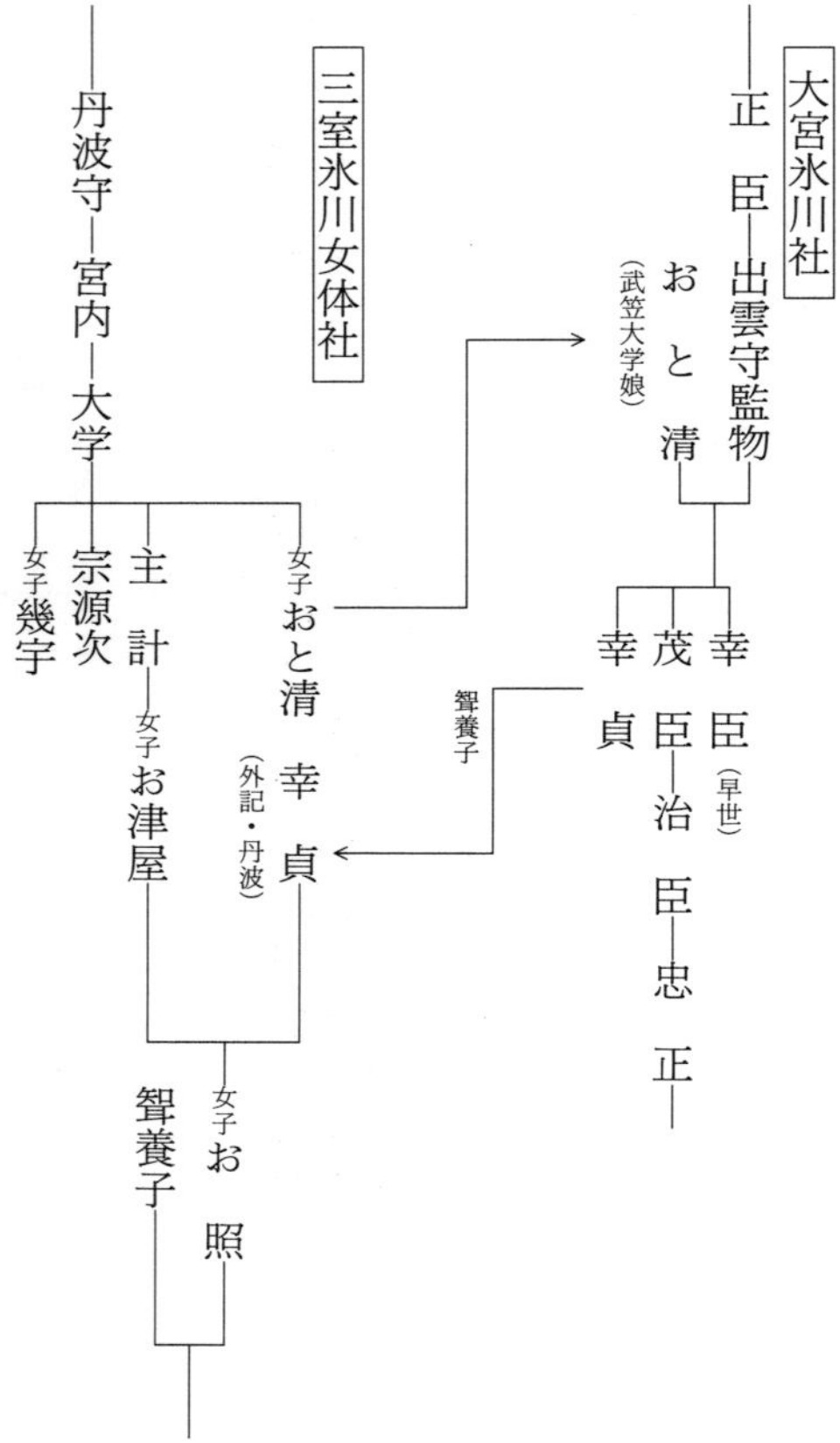

つまり、大宮角井家と、女体社武笠家とは縁戚関係で密接に結ばれるわけで、このことは、古来からの両社のかかわりの上に立つもので、かつ同格としてお互いに認め合っていることによるといえましょう。

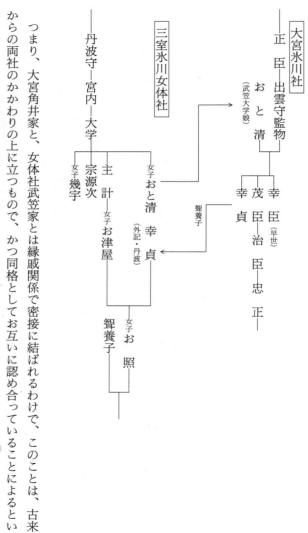

江戸城大広間同席御目見

江戸時代、毎年正月六日には、全国の中大社十九ヵ所の大宮司が江戸城に登城し、大広間において将軍に謁見《えっけん》、武運長久の祈禱《きとう》の玉串を献ずる習わしになっていました。

この全国十九ヵ所の神社の中に、大宮氷川社とともに、氷川女体社も入っていたのです。天正十九年、徳川家康が、全国の由緒ある寺社に所領の寄進をしました。このとき大宮の氷川社に百石、女体社は五十石でした。その後大宮氷川社には百石が加増され二百石となり、大宮社と氷川社は、石高の上では大きく差をつけられていました。しかし、ともに武蔵一宮ということから、同席登城お目見が許されたものと思われます。

また、将軍代替の折にも、謁見が許されています。このときは、江戸城の白書院がお目見の場になりました。謁見の場合は、諸国大社の神主が、それぞれ記帳順に将軍への独礼を行っています。神主家の記録によると、謁見の折服二領を賜ったとあります。

大宮西角井家文書の中に、将軍拝謁《はいえつ》について、神主連名の願書があります。

以書付奉願候

武州一宮神主角井出雲、岩井伊予、角井駿河、同所女躰宮神主武笠大学奉願候、私共儀ハ毎年正月六日年頭独御礼、御目見被仰付時服拝領仕難有仕合奉存候

― 略 ―

安政三辰年八月廿八日

武笠大学 ㊞

角井駿河 ㊞

岩井伊予 ㊞

角井出雲 ㊞

寺社奉行所

角井は、のちに東角井と西角井になるのですが、大宮社と女体社の四人の神主が連名になっているところが興味を持たれます。

それにしても、当時、将軍に謁見できるということは、大変に名誉なことであったに違いありません。

女体社や大宮社から江戸城まで、かなりの距離があります。神主たちは、正月早々から準備にかかり、それぞれの社からお供の者たちを引連れ、中山道を上がって行ったものでしょう。

武蔵国は、徳川家のお膝元です。現在の埼玉県、東京都、それに神奈川県の一部に当たります。この武蔵国の一宮が、かつて同一体であった氷川社です。この一宮に女体社も含まれていたわけで、このような意味から、石高は少ないのですが、女体社も同等に扱われていたものと思われます。

大宮氷川社においても、古来から密接なつながりがあり、同格であるという認識のもとに、〝兄弟社〟として扱っていたものでしょう。

親戚の付き合い

女体社から大宮社へ嫁に行ったり、大宮社から女体社へ聟養子をもらったりで、女体社と大宮社は以後親戚関係を続けていくことになります。したがって、何か事があるたびに、両者は往き来があったものと思われます。例えば冠婚葬祭、その他の催し事などです。この時代は、習わし、しきたりということもあり、律儀《りちぎ》な付き合いが行われていました。

ここに、東角井家文書として、女体社神主武笠大内蔵の死去見舞があるので見てみましょう。これは、文政十年五月、大宮氷川社の「神主日記」に記されていたものです。

廿四日　宮本の使、昨廿三日四ツ時武笠大内蔵死去之由
廿五日　宮本へ使、堀江若狭麻上下、挟箱長吉
一、金弐百疋　香　典
一、弐　朱　菓子代

さらに大内蔵の死去について、大宮氷川社角井安房から、女体社神主武笠衛門宛の悔状《くやみじょう》があります。

御尊父様御儀長々御病気之所養生御叶不被成、昨日廿三日終ニ御死去之由奉驚入候、皆々様御愁傷之程推察候、早速能罷出所此節不快ニ付社家堀江美濃名代ニテ御悔申上失礼之段御用捨可被下候　以上

五月　二十五日

角井安房

武　笠　衛　門

この大内蔵は、衛門の父となっており、それに系図から文政十年五月二十三日に死去している武笠外記幸富であることが分かります。長々病気であったとしていますが、死去の前頃は外記から大内蔵に名前は変えていたものでしょうか。

なお、武笠神主家文書によりますと、文政十年三月伊奈半左衛門へ差出した「宗門手形之事」は武笠大内蔵で、同年八月に寺社奉行所へ提出した書状には武笠衛門となっています。したがって三月の時点では、大内蔵は社務についており、その後病気になって八月までの間に死去し、神主の交替が行われていることが分かります。

文政十年に亡くなった大内蔵（外記）の父が、大宮氷川社から女体社へ逆養子となった幸貞です。ここに、徳川幕府旧臣新島氏の子孫が記した、新島家と武笠氏、大宮角井氏との関係を示した系図がありますので、参考までに見てみましょう。

大宮社（出雲守監物）—貞臣
武笠幸豊女（おと清）

角井茂臣
- 角井治臣—西角井忠正（従五位下）—西角井正慶（国学院大学国文学教授）
- 栗原茂景（武州物部神社神主）—現今の物部神職栗原氏

幸貞（文化十年七月五日卒）
佐伯武笠丹波（三室女体宮神職）
- 武笠外記（大内蔵 文政十年五月二十三日卒）—現今の武笠氏
- 新島善蕃—善教—善之

（昭和八年新島善蕃の曽孫三輪善之助記す）

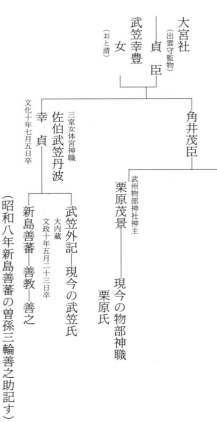

五

御沼干拓

1　享保改革と新田開発

吉宗の享保改革

江戸時代、幕府財政の建て直しのため、何度か幕政の改革が行われました。享保改革は、寛政や天保の改革とともに、江戸時代における三大改革の一つとされているものです。

幕府の財政は、家康時代にはきわめて豊かで、金・銀山の採掘も盛んであり、貿易によっても莫大な利益をあげていました。この家康時代によってつくられた巨額の金銀は、二代秀忠、三代家光、四代家綱へと引継がれましたが、寛文八年の江戸大火の頃から支出がかさみ、幕府の財政もようやく陰りが見られはじめ、綱吉の元禄時代には、さらに放漫な財政政策などもあって窮乏の度を強めていました。

享保改革で、その主役を果たしたのが、紀州から迎えられた八代将軍吉宗です。吉宗は、幕政の一新と、破綻《はたん》しつつあった幕府財政建て直しのため、思い切った諸施策を実行に移していきました。

人材の登用、機構改革、法の整備などはもちろんですが、幕府財政の再建のためには、貢租《こうそ》体系の強化、それに伴う新田開発を重視しました。

現在の浦和見沼たんぼ

幕府財政の窮乏を救うためには、貢租の増徴しかなく、そのためには、増税をするか、新たな田地の開発しかありませんでした。幕府財政の基礎は貢租によるものであり、貢租をつくり出すのは、農民と田地だったのです。

新田開発の対象とされたのは、各地にある沼・潟などで、関東地方では、下総の印旛沼・手賀沼、そして武州の見沼などがその候補地にあげられていました。

沼・潟の新田開発のためには、まず干拓が必要で、それに伴って河川の整備、つまり給水・利水の総合的な開発を計らねばなりません。関東地方では、とくに利根川・荒川・江戸川など大河川が平野を貫流しているところから、これらの河川の普請も重要な課題となり、干拓に伴って河川の開発も行われました。

見沼の開発も、治水・利水を伴うところか

ら、このような総合的な開発方式によるもので、利根川と荒川がかかわってくることになります。

吉宗は、大岡越前守などのように、河川や沼・潟の開発における治水工事においても、有能な人材を登用しました。その最右翼としてあげられるのが、のちに見沼開発に当たる井沢弥惣兵衛為永《いざわやそべえためなが》です。

井沢弥惣兵衛は、もと紀州藩士でしたが、大岡越前守と同様、吉宗によって認められ、享保七年、その年に出された新田開発奨励案により、幕府に召し抱えられ、水利開発に当たることになります。為永は、はじめ御普請役として近江・下総・播磨などの新田を検し、摂津・河内・甲斐・信濃などの諸河川を担当しましたが、のちに勘定吟味役となり、見沼干拓に当たります。

見沼干拓計画

吉宗の享保期にいたって、新田開発の奨励が盛んに行われるようになり、この武州の平野に横たわる見沼溜井にも白羽の矢が立てられることになりました。その理由として、沼の面積が広いこと、水深が浅いことが挙げられます。

この付近には見沼だけでなく、現在の川口市から見沼用水の取入口である行田市のあたりまで、大小無数の池沼が散在していました。これらの池沼は、元荒川・綾瀬川の旧河道で出口を塞がれ、自然の堤防によって池沼化されたもの、あるいは大宮台地を刻む浸食谷の出口が、これら大きな河流の土砂の堆積によって塞がれたものなどです。この中でも、見沼は最大のもので、水深も三尺に満たなかったと記されていることから、干拓して新田にするにはもっとも適した沼でした。

享保十年（一七二五）、将軍吉宗は、勘定吟味役の井沢弥惣兵衛為永に見沼溜井開発の下検分を命じています。

為永は、この道の専門家です。あらゆる角度から沼開発について実地検分をし、これまでの経緯《けいい》なども調査したに違いありません。検分に当たっては、まず第一に、技術的に沼の開発が可能かどうか、干拓に当たっては用水の導入が可能かなどを調べなければなりません。為永は、これらの点を十分に調査したはずです。

これまでの経緯として、延宝三年（一六七五）に江戸の町人が見沼の一部を開発して新田を造成したことがあります。しかしこれは、新田を造成したため貯水量が減少するなど、用水事情の悪化を伴い、享保六年に周辺諸村は新田取潰《とりつぶ》しを幕府に願い出、これに対して幕府はこれを認め新田を取り潰しました。

また、見沼が堤防を築堤し溜井となって以来、水上の諸村は、耕地が水浸し水腐場と化し、あるいは水位上昇により悪水吐《あくすいと》に苦しみ、降雨により水損を蒙むる村も現れていました。

このため、水上、周辺諸村は以前から見沼開発、新用水路開削による問題解決を何度か願い出ましたが、幕府はこれを認めていませんでした。やがて、享保の新田政策がとられるようになると、政策は一変し、これまでの経緯や、面積の広大さ、浅水深等により、有望な開発の対象地となったのです。

為永は、見沼開発、新用水路開削計画を立て、関係各村にこれを通達したのです。見沼の水下諸村は新用水路による用水供給の不安定さを問題にして、この開発計画に反対しましたが、幕府は決定事項であるとして開発を実施することにしました。

かくして、武州平野に太古より横たわる見沼は、新田に姿を変えようとしていたのです。

2　幕府と神社の対立

御手洗瀬、神社側の立場

見沼干拓は、享保十二年から十三年にかけて行われることになります。しかし、見沼は往古より氷川女体社の御手洗瀬《みたらせ》として神社の神域となっており、この見沼の湖上においては厳粛な祭祀も行われていました。また、沼が神社に属していたため、沿岸の諸村は漁猟の課金を女体社に納めていました。沼からは鯉・鮒などが捕れ、この中から神前にも供えられていたのです。

見沼干拓は、幕府によって計画されたものですが、神社側としては、往古より見沼とは深いかかわりがあり、一般の新田開発と同じように扱ってもらっては困る諸々の内部事情を持っていました。

この時の神主は武笠宮内で、見沼干拓計画が幕府から提示されたとき、見沼が女体社の御手洗瀬となっており、簡単に干拓されては困る、神社の立場を考えてもらいたい——というようなことを、幕府に強く申し出たようです。

これに対し幕府は、これまでの神社の立場を考慮しながらも、見沼干拓が公益のためであり、目をつぶって干拓に協力してもらいたい、と神社側を説得しています。

詳しい交渉経過は分かりませんが、神社側と幕府の間では何度かにわたって、このような干拓について強い交渉が行われたと思われます。

この時代、幕府の威光は絶対で、おおかたは言いなりになったと思われますが、神社側としても、氷川女体社は武蔵一宮であり、徳川家康より五十石が寄進され、将軍代替の折には将軍に独礼が許されている神社としての高い格式・プライドもありました。湖上における祭祀の折には、徳川家の武運長久も祈っており、幕府の言いなりになる必要もなかったのです。

ここで幕府は懐柔策《かいじゅうさく》として、見沼干拓の暁には、干拓新田のうち十分の一を社へ寄進し、現在行われている湖上での祭祀の代わりに、社頭に池をつくり、さらに祭祀場をつくることを約束し、神社側もこれらの条件にようやく納得、この幕府の申し入れに同意したようです。

このようにして、神社と幕府側との間で見沼干拓についての交渉が成立し、享保十二年にいよいよ干拓が行われることになります。

幕府と女体社の交渉

神社と幕府の見沼干拓についての個々の経緯を示す文書は残されていませんが、由緒書・伝記などによって御手洗瀬の干拓について双方立場の相違から対立し、交渉が行われたことがうかがい知れます。

次に、二、三女体社の由緒書・伝記から、見沼干拓に関する部分を抜き出して見てみたいと思います。

社郷氷川女体社由緒　　　女体社武笠神主

式　社　考

（略）

――殊ニ当社ハ后妃ノ宮ナルヲ以テ、社領ノ外ニ近世マデ周廻七里ノ御手洗瀬（見沼ト称スル見ハ御ナリ）ヲ管理シテ年々沿岸ノ各村ヨリ漁業ノ税ヲ徴収セリ、享保年中ニ至リテ徳川吉宗見沼開墾ノ事ヲ当時ノ宮司武笠宮内烝幸年ニ諮《はか》リ其承諾ヲ得テ代官井澤弥惣兵衛ヲシテ土功ヲ起サシメ享保十三年功成リ新ニ得タル墾田凡ソ一万余石所謂見沼新田是ナリ、是ヨリ当社永ク漁業ノ利ヲ欠クヲ以テ幕府特ニ右墾田ノ内百石ノ地ヲ寄附シテ之ヲ補充セリ、当時ノ文書今猶存ス

（略）

この文章の内容によると、幕府は「開墾ノ事ヲ当時ノ宮司武笠宮内烝幸年ニ諮リ其ノ承諾ヲ得テ――」とあり、幕府が神社と交渉して神主の承諾を得て干拓の実行に移ったことを示しています。もちろん当時の幕府の公の文書には、体面上女体社神主に諮って、その承諾を得て――などとは記録されていないでしょう。女体社の文書には、「当時ノ文書今猶《なお》存ス」とあります。

次の文書は、見沼が干拓された四十年後、当時の女体社神主武笠大学によって記されたものです。御手洗瀬である見沼が、神社にとって、どのような重要性を持っていたかが強く示されています。なお、武笠家系図によると武笠大学は、干拓当時の神主武笠宮内の嫡子となっています。

武州一宮女躰宮御由緒書

明和四年（一七六七）一月

武蔵國一宮女躰宮簸河神社

御代官川田玄蕃支配所
足立郡三室村宮本郷
武笠大学

――略――

一、右御手洗瀬見沼之儀享保十二年未年新田　仰付候由にて、掛リ御役人井沢弥惣兵衛殿御見分被成候所、御判物ニ被成下候、御旅所沼中ニ有之候御手洗瀬ニ御座候間神慮難計、別而者御判物恐多被存神主方江御尋被成候ハ、当見沼此度新田ニ被付候ニ付致見分候所、右之通にて新田ニ難申上候間、相尋候右之御旅所相移し　御祈禱祭替相成可申義御座候ハヽ、何卒新田ニ仕度由、左候ハヽ、夥敷御益之地致出来御奉公ニ相成申義御座候、尤明神江も十分一ハ御寄附も有之候間左候ハヽ、社中之為にも相成申義彼是致勘弁御請仕候様、其右之趣不相成筋ニ候ハヽ、不及是非新田相止メ可申候へ共、何卒御奉公ニ相成候様致了簡候様被仰聞候、右之通御尋被成別而ハ御奉公之義違背可仕様無御座、且又十分一之御寄進被成下候ハヽ、社領之高も相増候義御座候間、右之御旅所境内江引移し、右例を以て、御祈禱相改候内へ及壱万石ニ申候御田地出来仕、四十年におよひ今以て一ヶ年に御米七千俵程ツヽ其外金納共ニ毎年上納仕候義、御旅所相移　御祈禱相改候ニ付毎年御奉公に相成候様乍恐奉存候（以下略）

幕府も神を祀る神社が交渉相手であることから、いきなり権威をかさに高圧的には出なかったようで、干拓田地の十分の一を寄付すれば神社のためにもなることだし、それに湖中にある御旅所も神社の近くへ引越させると、一応は神社に対して配慮を示しています。つまり、幕府は女体社の御手洗瀬である見沼を干拓するに当たって、条件といったものを約束したわけです。

3 干拓の問題点

まず見沼溜井をつくる

見沼は、もともと自然堤防によってできた沼でしたが、寛永六年（一六二九）に見沼の横幅がもっとも狭い部分に堤防を築き、人工的な沼となりました。

徳川家康は、関東に入国以来、積極的に江戸周辺の新田開発を行いました。見沼の下流地域も開発がどんどん行われ、今までの見沼の水では不足をきたすようになっていました。

このため、時の関東郡代伊奈忠治は、現在の浦和市と川口市の境、木曽呂と大間木の見沼の横幅がもっとも狭くなっている部分を締め切って土堤防を築き、灌漑用水の確保を計りました。堤の長

見沼干拓地

さが八丁（約八八〇メートル）であったので八丁堤と呼ばれ、ここに一大溜井ができあがったのです。

　このように上流地域の排水を溜井に集め、この水を下流で使い、またその排水を集めて溜井とする方式を、主に伊奈氏が行ったところから、伊奈流とか関東流と呼んでいます。見沼も、その溜井の一つとなり、以後「見沼《みぬま》溜井《ためい》」と称されるようになりました。

　溜井の東西二ヶ所には用水取入樋を設け、両端木曽呂および附島に設けられた関枠には見守役を置き、沼の監視と管理に当たらせています。

　なお、当時、両縁用水口圦樋はその保護のため、厳重に竹矢来で囲われていました。このため馬の通行に不便となるので、元禄七年武笠神主は伊奈代官に矢来取除願を提出しています。

溜井の完成によって、堤防の下流域九ヶ領二十一ヶ村は、灌漑水の恩恵にあずかることになったのですが、他面いろんな問題点も生じてきました。つまり、灌漑地域の開発が進み、水田が増加するにつれ、溜井のみの水量では用水に不足をきたすようになってきたのです。また雨の多いとき、溜井周辺の村々では、しばしば増水によって水害を受け、作物はもちろん田畑が水のため崩されて減少するなど、被害がはなはだしかったようです。『見沼代用水沿革史』によると、「溜井の上流地域である岩槻領でも、荒川の上流地域からの悪水により、荒川が氾濫し、しばしば水害を受けていた。忍領でも騎西領が取水の為土俵を積むので水が溢れた」と記してあり、八丁堤の築堤により、上流地域での排水が十分にできなかったことがうかがえます。

このように、伊奈式によって完成し灌漑用水として利用されてきた見沼溜井も、用水源である沼・溜井の水量の不安定による水損と旱損、沼・溜井内に開発された新田の確保をめぐって、各地で上流村々と下流村々の間に水論を生じ、なにかと問題をなげかけていました。

干拓反対運動

幕府は、享保十年（一七二五）九月に勘定吟味役井沢弥惣兵衛為永に、見沼溜井の下検分を命じています。その後、享保十一年十月二十七日御普請役保田太左衛門が見沼水内見分に、同十月三十一日に井沢弥惣兵衛自身が直接に見沼検分に来ています。

見沼干拓計画は、いち早く周辺農民の知るところとなったと思われ、享保十年には溜井の水下八ヶ村によって干拓反対の訴えがなされています。これは、先年江戸の町人が延宝三年（一六七五）上流部に新田を開発、このため溜井の下流部では水不足を起こすなど問題が生じ、新田が取り潰されるといったいきさつがあったことによるようです。

このようなことから、見沼下流の戸田領・浦和領・笹目領・安行領・谷古田領・舎人領・片柳領・渕江領の八ヶ領の村々では新たな新田の開発に不安を持ち、干拓反対の運動を起こしたものと思われます。

これに伴って、住民による見沼干拓反対の訴状（乍恐以書付御訴訟申上候）が出されています。それによると、下流にある八ヶ村が見沼干拓に反対である。その理由は、先年上流に町人が新田をつくったとき、下流の村が水不足になり、新田を取り潰してもらった経緯がある。利根川より用水を引くと、見沼溜井まで十六里（六四キロ）、それから下流の地域まで都合二十里（八〇キロ）もあるので、用水が届くはずがない。これまでの溜井の水で十分で、新たに用水を引く必要はない――といったようなものでした。

以上のようなことから、溜井下流の農民たちにとって、新田開発は不安のほうが大きく、あまり歓迎されなかったようです。

干拓賛成派

溜井の下流にあたる諸村から干拓反対の声が上がったのに対し、溜井上流の諸村は開発に賛成でした。これは、雨量で溜井の水が増したりすると周辺の耕地が水没し、いわゆる「水いかり」により潰《つぶ》れ田が多く出現し、つねづね排水不良に悩まされていたためです。

干拓の準備は享保十年以来着々と進められ、幕府は溜井周辺の村々へ新田開発に参加するように呼びかけました。これに応じたのが、溜井周辺三十二ヶ村のうち十七ヶ村です。

これら十七ヶ村は、享保十年九月に始められた見沼新田の開発事業の推進に当たって、いくどとなく新田の開発を見沼沿村の十七ヶ村で村請で行うことを願い出ています。

村請新田とは、本来村民全体で労力・資金を負担する新田で、親村耕地の不足分を補充することを一つの大きな目的としています。村請開発を願い出た見沼周辺十七ヶ村は、上土呂・下土呂・高鼻・下木崎・宮本・三室・大間木・大牧・行衛・差間・間宮・大崎・辻・片柳・東山・西山・新井の諸村です。

これら各村の支配状況は、天領四、旗本領五、社領二、入組地六となっており、武蔵国全般に見られる錯綜《さくそう》した支配状況を呈しています。これらのうち私領は一村もなく、開発をしていくためには幕府として好都合であったといえます。

なお、これら開発賛成派の諸村は、耕地の水没、水腐場化などのため水田は極端に少なく大部分は畑でした。村請で開発参加を願い出たのも、このようなことが一つの理由であったかもしれません。すなわち、新田にそれぞれの新しい稲田を求めたわけです。

新田の開発請負を願い出たのはこれら溜井周辺の諸村だけではなく、江戸の町人も願いを出しています。しかし幕府は、以前から開発請負を願い出ていたこれら町人の願いを却下、周辺十七ヶ村に請負を許可しています。これは、地元優先主義により町人請とせず村請としたのは明白です。しかし干拓完成後、これら町人にも新田が割り当てられたのをみると、幕府は恐らく資金だけを町人に出させたものと思われます。江戸の町人とは、越後屋半蔵、最上助七、猿島屋長五郎の三人です。

周辺十七ヶ村は、享保十二年八月三十日付で井沢弥惣兵衛に村請の願書を名主・百姓惣代の連名で提出しています。その内容は、見沼周辺の十七ヶ村で村請をして新田開発の工事をしたい。新田の地は、十七ヶ村で半分を面割（各村に均等配分）に、あとの半分を高割（村の石高による配分）にしたい。新田は念入に地ならしをして、一畝一歩も残らず植えつける。新田を下されれば、小作をやめ新田を大切に耕作したい――などです。

これらのことから、賛成した周辺十七ヶ村の農民たちは、新田を持つことに大きな希望を抱いていたことがうかがえます。

4 干拓工事

伊奈式と紀州流

享保期に新田が開発されるまで本田中心主義で、河川や沼・潟の開発はあまり行われていませんでした。それまでは主として溜井方式といって、溜井を造成し、これを水源として下流域へ水を供給する方法がとられていました。

徳川氏が関東へ入国後、各地の開発が行われることになりましたが、その中心となったのが関東郡代となった伊奈氏です。伊奈氏は関東各地の河川をせき止め流れを変えたり、溜井を造成し、灌漑用水の確保を計りました。寛永六年（一六二九）伊奈備前守忠治は、荒川の流れを熊谷市久下でせき止め新しい河道を開削し、和田吉野川に合流させ入間川に流しました。このような河川の変遷によっても、各地に灌漑用水の池沼が生まれました。

見沼溜井も、寛永六年関東郡代伊奈忠治によってつくられています。もともと自然の堤防によってできた見沼を、伊奈氏は、見沼が最短距離になっている浦和市尾間木附島と川口市木曽呂の間を約八丁（約八八〇メートル）の土堤で締め切り、これを溜井としたことは、先ほど述べたとおりで

井沢弥惣兵衛の故郷　紀州溝口村

す。

このように伊奈氏の開発のやり方は、主に河川を曲流させ遊水地を設けたり、溜井を造成したりしたことから、溜井方式と呼ばれています。この溜井方式も一長一短があり、見沼も溜井に造成された以後、溜井の上流域では水没、水腐場化、あるいは排水不良といった弊害《へいがい》が生じ、溜井の上と下の諸村では用水をめぐって争い、対立さえも生じていました。

一方、伊奈式に対比されるのが、用排水分離方式とか高水工法とかいわれる方式です。この工法を用いたのが、見沼の開発に当たった井沢弥惣兵衛で、彼が紀州人であったことから、紀州流とも呼んでいます。

では、井沢弥惣兵衛の行った紀州流工法とは、どういったものだったのでしょうか。これは、いわゆる用排水分離方式といわれるように、在来の沼の両側に用水路をつくり、沼の水を放流したのち、その中央に排水路をつくり、両側の用水から沼内にできた新田の灌漑をしつつ、その余水を排水路に集め、さらにこれを下流の用水として利用しようとするものです。

溜井方式は、沼が貯水場となり、周辺部も水没・排水不良などで広大な範囲が耕作地として利用できなくなるのに反し、用排水分離方式は、上流の河川から水路をもって用水を引くため、沼を干拓して耕地化し、沼の周辺部も水没などの心配がなくなるという大きな利点がありました。

享保七年、幕府による新田開発政策がとられると、いちはやくこの用排水分離方式が採用されることになり、当時この工法の第一人者とされていた井沢弥惣兵衛為永が、将軍吉宗によって紀州から呼び出され、関東平野の開発に乗り出すことになるのです。

したがって、この工法はこれまで灌漑用水として用いられていた溜井が不必要となり、用排水路の出現によって各地に散在していた大小の溜井が新田として開発されて行くことになります。この工法の代表的なものが、見沼の開発です。

井沢弥惣兵衛為永

見沼干拓を語る場合、その立役者井沢弥惣兵衛為永を抜きにしては語れません。為永の出現がなければ、見沼の干拓が行われたかどうか、あるいは溜井のままで終わり、のちのちにまで問題を残したに違いありません。では井沢弥惣兵衛為永が、どんな人物であったかを見てみましょう。

紀州から迎えられて八代将軍となった徳川吉宗は、広く人材を登用したことで知られています。大岡政談で名高い大岡越前守も、その一人です。越前守は伊勢山田奉行をやっていたのですが、紀州にいた頃吉宗によってその手腕が認められ、吉宗が将軍となるや、彼は弱冠四十一歳で江戸南町奉行に抜擢《ばってき》されています。

井沢弥惣兵衛為永は、紀州那賀郡溝口村の出身で土木工事に長じ、のちに紀州藩に登用され累進して勘定添奉行となりました。吉宗は紀州藩主であった頃から弥惣兵衛の才能を知っていたわけで、大岡越前守と同様に吉宗が将軍となったあと、享保八年幕臣に登用しました。吉宗が日本橋に高札を出し、新田開発政策を打ち出したのが享保七年ですから、その翌年に当たります。このとき弥惣兵衛はすでに六十歳を越えていましたが、吉宗は多年にわたる弥惣兵衛の紀州における実績を深く買ったものと思われます。

享保十年にはすでに見沼溜井の下検分に来ています。経験豊かな弥惣兵衛にとって、このときすでに見沼干拓の壮大な青写真ができあがっていたかもしれません。享保十二年八月頃から実際的な工事に入り、弥惣兵衛は最高責任者としてその指揮監督の任に当たったようです。

弥惣兵衛と見沼干拓については、いくつかの伝説が残されています。見沼の竜神が現れ、沼を干されてしまっては棲《す》む所がなくなってしまうので、他へ棲みかを見つけるまで工事を中止してもらえないだろうか。他の伝説では、夢の中に竜神が現れ、「私は見沼の主であるが、汝は見沼を埋め立てて私の棲む所を壊そうとしている。汝にもし心があれば、私のためにぜひ三町四方の沼を残してもらいたい」――といったようなものです。

この伝説の中で、弥惣兵衛が干拓工事中居住していた所として「万年寺」というのが出てきます。弥惣兵衛は、この万年寺という寺を工事期間中事務所代わりにして、工事の一切の指揮をとっていたものと思われます。万年寺は、片柳村となっており、現在の大宮市片柳になります。

為永が開発した沼は、見沼だけではありません。最初に成功させた大規模な新田は、享保八年に始まった下総《しもふさ》飯沼の干拓です。そのほか、享保十年から同十二年にかけて常陸《ひたち》牛久沼の干拓、同十一、二年の下総手賀沼の干拓、同常陸江村沼・砂沼・大宝沼などの干拓があります。これらの干拓工事が終わった十二年から十三年にかけて、見沼干拓に当たったことになります。

為永は、享保十年十一月以降勘定吟味役格として、幕府のかかげる新田開発政策の遂行に努力しましたが、彼の指示を受けて行動した彼ら技術集団すなわち「普請役」が存在したからこそ、開発が成功したといえます。

為永は、享保十六年十月には従来の勘定吟味役格から正式の勘定吟味役となり、同二十年には美濃郡代も兼務、数々の事績を残して、元文三年、七十六歳で没しています。

5　見沼代用水

代用水路計画

　享保十二年、井沢弥惣兵衛為永によって、いよいよ見沼の干拓が行われることになります。じつはそれより五四年前の延宝元年（一六七三）に、荒川・星川・見沼溜井周辺および下流の用水源と水源に悩む農民たちにより、後に実施される干拓の骨子となるような計画がなされており、井沢弥惣兵衛の開発計画に多大の影響があったのではないかと考えられます。

　為永の用排水路分離方式の特色は、上流の河川から用水路を開発地域までいかにして引くかということです。溜井方式の場合は、直接溜井から用水路を設けることができますが、この見沼の場合、かなり遠い所から水を導入しなければなりません。

　為永の計画では、結局六〇キロ北方の利根川から用水を引くことになりました。ここで問題なのは、用水の取入口をどこにするかということです。河幅の広狭《こうきょう》、流身の方向、水勢の緩急《かんきゅう》、流量の多寡《たか》、沿岸土質の堅軟《けんなん》、深浅《しんせん》といった種々の点を考慮し、決定しなければなりません。用水は長い距離を遠々と流れ、広大な耕作地をうるおす灌漑水となります。この用水路開削の成否が農民の死活を左右するわけですから、失敗は赦されません。

このため、前もって用水の取入口利根川から荒川にいたる二十有里の間の地形が慎重に測量されました。関東平野の平坦地に用水路を設けることから、土地の勾配が重要なカギになります。この時代の測量は、水準観測によってなされています。

西縁用水

慎重な計画によって決定された用水の取入口は、利根川上流の右岸中条村（現行田市字中条）の東端でした。ここは百年来、洪水にも破損せず、常に水深の平衡を保ち、一度川瀬の変化があっても、自然の流れによって一年以内に旧に復するという好適な場所でした。ここに利根川を穿《うが》って用水取入の閘《こう》を設け、前面には石枠を備えて土砂の流入を防ぎ、元圦樋堰以下の新水路は南東に向かい、星川を経由して見沼溜井北端に達せしめる計画でした。

為永の用排水分離方式は、溜井北端からその下流域にわたって適用されることになります。溜井の水を落としたあと、両側に用水路を設け、排水を中央の芝川へ放出するというものです。排水路の芝川は、排水を集めながら、下流域を通って荒川に達します。芝川は、荒川を経て江戸へ通ずる舟運の役目も果たすことになります。

かくて、紀州流工法の第一人者井沢弥惣兵衛為永によって、見沼はようやく新しく生まれ変わろうとしていたのです。

干拓の実施

見沼の開発工事が実際に始まったのが、享保十二年の八月頃からです。

幕府は、開発を推進するに当たって、享保十一年八月に、村々へ廻状を出しています。これによると、役人が行っても、酒・肴はもちろん、御馳走を出さないように。宿代など、相場で支払うので申し出るように。金・銀・酒・肴《さかな》などを集めて、役人に貢がないように。手心を加えてもらうような行動や、金・銀など賄賂はしていけない――など、役人と村方三役の癒着を心配しているのが大部分です。

この時代、こういったケースの場合、往々にして甘い汁を吸う輩《やから》が出てくるのはまれではありません。幕府は農民の信頼を失わないよう、工事が公正に行われ、進捗することを望んでいたに違いありません。

用水路開削工事でもっとも困難であったのは、利根川から用水を見沼溜井へいたらせるまで、数多くの川・用水・悪水との交差を経なければならないことでした。その中で代表的なものが、柴山(現白岡町柴山)の伏越《ふせこし》と上瓦葺の掛樋(現上尾市瓦葺)です。柴山の伏越は、元荒川との交差の場所で、見沼代用水を元荒川の下をくぐらせ、上瓦葺の掛樋は、綾瀬川の上を樋で渡すものでした。

見沼代用水路の工事は、享保十二年の秋から、翌年の春まで約六ヶ月間ほどの内に行われています。当時の工事方法を考えると、驚異的なスピードです。この工事のため、用水周辺の農民多数が使役に駆り出され、土木工事に従事させられています。

工事はほぼ半年間で終えることができましたが、これは、途中で星川をそのまま利用して流したり、見沼溜井の頃の見沼用水や悪水(芝川)を最大限利用して極力工事箇所を少なくしたことも、理由の一つとして挙げられます。

幕府はこの新計画遂行のため、総工費二万両を費し、溝渠・道路・畦畔その他の敷地として古田六十五町を失いましたが、開発の結果、新田千百七十五町歩を獲得しました。以後この新田は、周辺の村々によって「見沼たんぼ」として耕作されていきます。

6　見沼通船堀

通船堀の開設

見沼用水は、江戸時代におけるわが国の代表的用水の一つです。『明治以前日本土木史』によると、「見沼代用水路は三百有三ヶ村、草高十四万九千百三十六石余、面積一万二千五百七十一町余の田を灌漑す、我国稀有の大用水路たり」と記されています。

この大工事を、わずか半年の短期間でやり遂げた井沢弥惣兵衛為永は、偉大な土木家でした。機械力のない江戸時代に、人力だけでこれだけの大仕事をやり遂げたのですから、驚嘆するよりほかありません。

為永が、次に手がけたのが、見沼通船堀です。見沼代用水路の完成したのが享保十三年二月で、その三年後の同十六年には通船堀をつくっています。

見沼通船堀とは、すなわち芝川と見沼用水を水路で結び、舟が通行できるようにしたものです。干拓によってできた見沼たんぼの中央を、排水路を兼ねた芝川が流れています。芝川は、上尾市菅谷村付近の台地を刻む谷に水源をもち、大宮・浦和の東部を南流し、川口市領家で荒川に合流して

見沼通船堀図

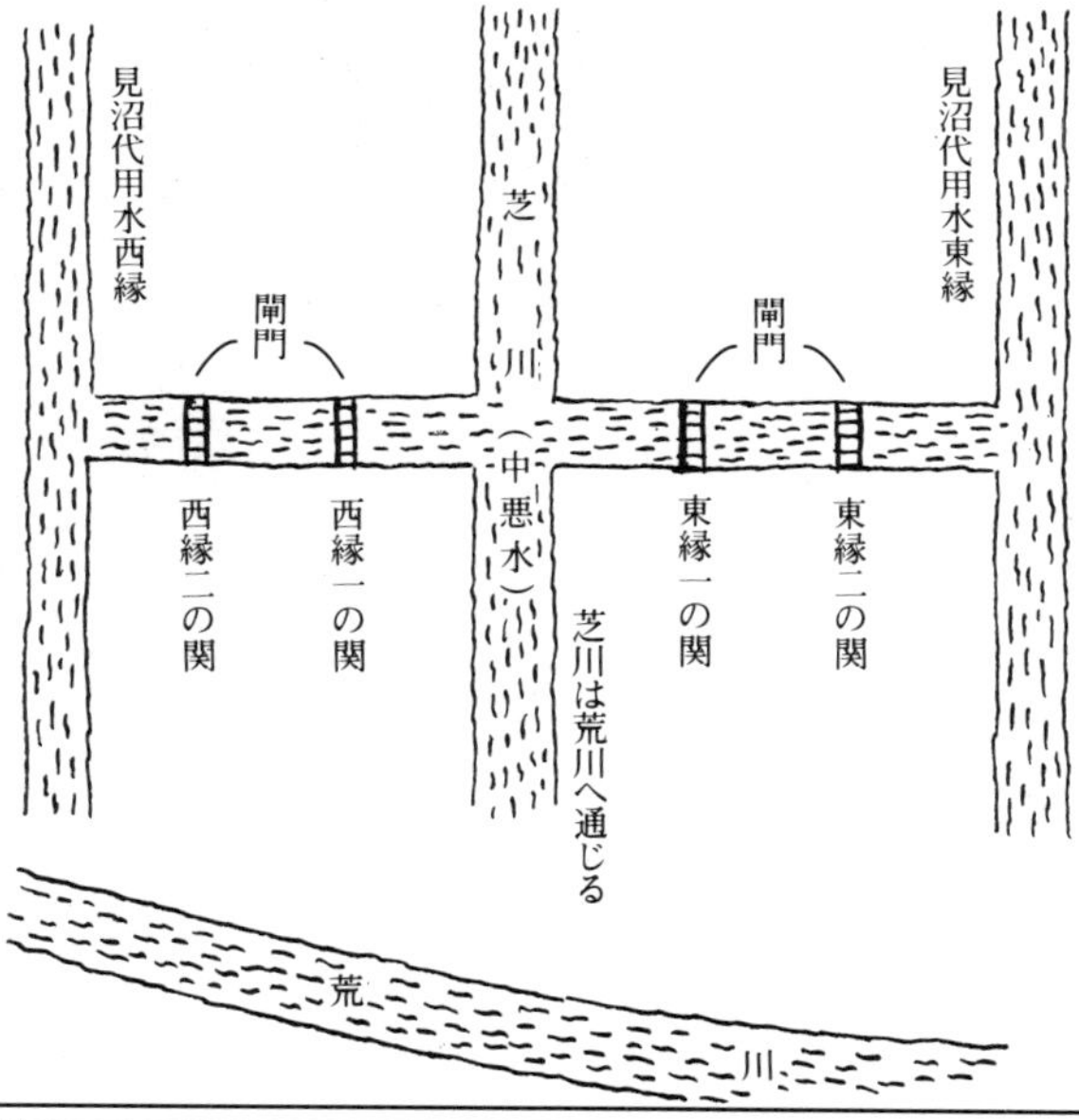

通船堀断面図

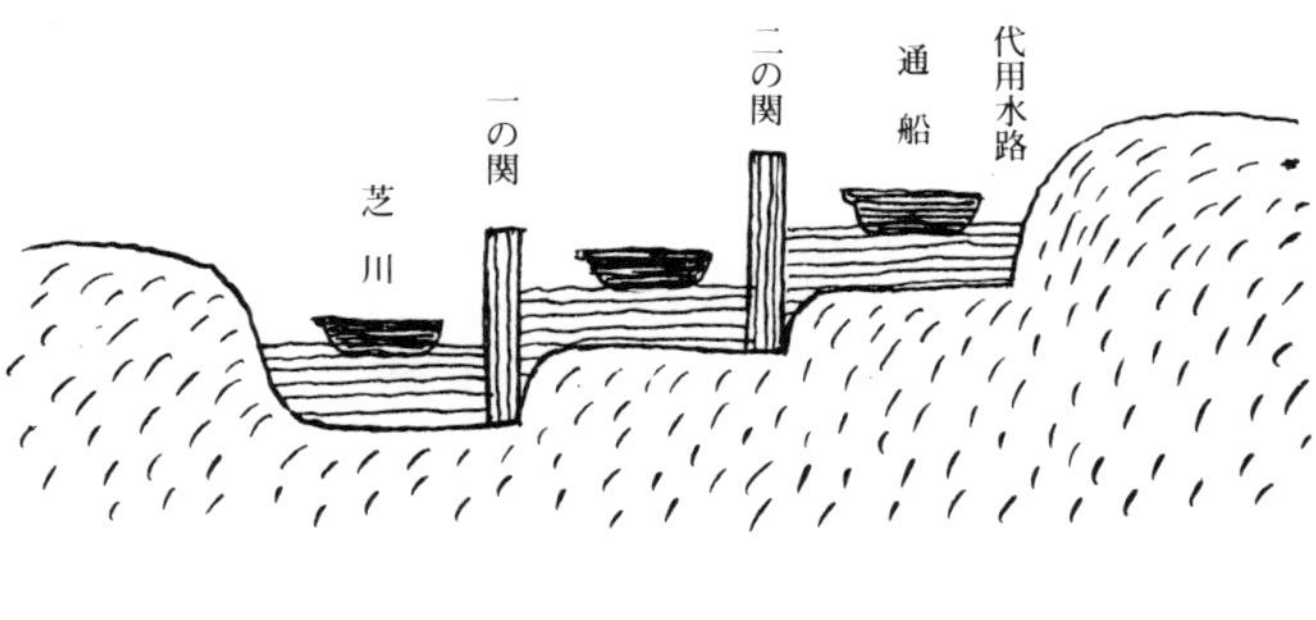

通船堀跡

いる全長約二二キロの川です。
　この芝川と見沼用水路を結ぶことによって、用水路周辺の村々の産物を、荒川を通じて江戸へ運ぶことができるようになります。
　しかし、芝川と代用水路との落差が三メートルもあって、このままでは水路がつながりません。為永がここで考え出したのが、「閘門《こうもん》式運河」というものです。つまり、パナマ運河の形式構造と同じものになります。堀を関門で仕切って、次の堀と同じ高さに水量を溜めた後、次の関門へ移動させます。舟に荷を積んだまま、舟を芝川と代用水路を自由に通行させようとするものです。この閘門式運河は、為永によって、享保十六年（一七三一）みごとに成功させられます。大小の差はあれ、弥惣兵衛の発明は、パナマ運河（一九一四年開通）に先立つこと一八〇年余りでした。
　通船堀は、見沼代用水路の東西両縁用水が、中央を流れる芝川（中悪水）にもっとも接近している大間木村につくられました。堀の長さは、東縁三九〇メートル、西縁六五四メートルで、それぞれ二ヶ所に関門（閘門）を設けています。

舟は、代用水路付近の村々の産物（年貢米・野菜・薪炭）などを江戸（東京）へ運び、江戸からは肥料・酒・塩・魚類・荒物・雑貨などを運んできました。

幕府は、見沼通船を保護し、江戸花房町に通船屋敷地を、川口宿に通船会所敷地を貸与して、通船差配の高田家・鈴木家に運営させました。高田・鈴木家は、見沼開発に当たって資金を調達した江戸の商人です。

通船は、芝川の門樋が大洪水で流失したり、代用水路の堰が通船によって破損したり、また水量が通船に不適だったりして、しばしば中断されることもありましたが、それ以外の期間は、おおむね運行されました。

通船に使用された船は、通称〝ナマズブネ〟と呼ばれていました。船の大きさは一定していませんでしたが、江戸時代は荷物の積載量で船年貢がかけられ、嘉永年間の記録では銭五百五拾文の船、六百五拾文の船、七百文の船、七百五拾文の船と四種類がありました。したがって、船も四種類ぐらいあったと思われます。舟数は、開業当時三十八艘、艀《はしけ》二艘でしたが、その後やや衰退し、天保頃の稼働数は二十七、八艘でした。

見沼代用水が他の一般の用水と違っていたのは、なんといっても、この通船堀の開削です。偉大な大土木家井沢弥惣兵衛為永は、単に用水路を設けるだけではなく、その用水の機能を十分に発揮できる価値ある施設を完成させたのです。

見沼通船舟歌

見沼通船は、享保十六年（一七三一）から昭和六年まで行われた内陸水運です。船頭たちが、江戸へ向かい、また帰りの船で、竿や櫓を操りながら、うたったのが、この通船舟歌です。

千住出てからまきのやまでは、竿《さお》も櫓《ろ》かいも　手につかぬ
千住じまいは牛若丸よ　こいをだいたりかかえたり
あえばさほどの話もないが　あわなきや苦労で寝られない
船は千くる万くる中で　わしの待つ船まだこない
押せよ押せ押せ二丁ろで押せよ　押せば港が近くなる
船乗り稼業はもうやめしやんと　苦労するのをやめるよう
船が着いたよ八丁の河岸に　早く出て取れおもて綱
八丁山口は先頭でくらす　かかあふもとでしらみとり
八丁出るときや涙も出たが、どうぞご無事で帰りやんせ
船はあたらし船頭さんは若い　積んだ荷物は米と酒
まいど若いときはそでつまひかれ　今はまご子に手を引かれ

この歌の中から、当時の舟運の情景、船頭たちの思いなどを、垣間見ることができます。
歌の中に「千住」とか「まきのや」と出てきますが、これは現在の東京都荒川区千住と浦和市大

間木で、舟運はこの間を往復していました。

まず、下りは、八丁堤のあった大間木の河岸を、かかあや子供たちに見送られ舟出します。江戸へ運ばれる荷物は、通船堀などを利用し、いったん大間木の河岸に集められ、集積された荷を江戸行きの船に積み替えます。芝川を南下すると、やがて荒川に入るわけですが、船頭たちは両岸に広がる田園風景を眺めながら、家に残した〝かかあ〟や子供たちのことを思い浮かべ、川を千住へと下って行きます。積んだ荷物は「米と酒」と出てきますが、季節によって荷は違っていたようです。

千住の河岸で運んできた荷物を下ろすと、今度は大間木行きの荷物を代わりに積み込みます。

「千住じまいは牛若丸よ――」とあるのは、帰り仕度のすばやいことをいっています。帰りの舟路は、「千住出てからまきのやまでは、竿も櫓かいも、手につかぬ」ほど、心はすでに、かかあや子供たちの待つ八丁河岸へと飛んでいるようです。通船の船頭の多くは、この八丁河岸の付近に住んでいました。「八丁山口は船頭でくらす」とあるのが、それを説明しています。八丁河岸から千住へ行って帰ってくるまで、どれ位の日数がかかったのか、詳しい記録がないので分かりませんが、

「八丁出るときゃ涙も出たが、どうぞご無事で帰えりやんせ」と、あるように、切ない別れもあったのでしょう。あるいは結婚して間もない新妻が、若い船頭を見送った時の情景かもしれません。

八丁河岸から芝川・荒川を経て千住へ達する下りの舟運は、川の流れにまかせられるからいいのですが、上がりは川の流れに逆らって櫓を漕ぐわけで、舟はなかなか進まず、気だけあせっていたのではないでしょうか。帰りは二丁櫓で漕いでいたようです。

六

女体社のまつりごと

1　見沼と御舟祭り

御舟祭りの起源

女体社の御舟祭りについては、確かな記録がなく、いつの頃から行われていたのか明らかでありません。

確かな証拠として、神輿《しんよ》や瓶子《へいし》を挙げることができます。神輿は、御舟祭りに使われていたもので、鎌倉時代から南北朝にかけての作ではないかといわれています。したがって、神輿に関する限り、十二世紀から十四世紀頃まで遡《さかのぼ》ることができます。瓶子は、十五世紀のものといわれ、御舟祭りの際に、見沼の主に神酒を献ずるために使われたものです。

この二つのものからしても、御舟祭りは、中世には確かに行われていたことを証明しています。

また女体社は、かつて大宮氷川社（男体社）と同一体であり、往古は、この二つの神社の間で共通の神事が行われていたのではないかと考えられます。

その痕跡と思われるものが、大宮氷川社に残っています。氷川社では、古来よりの重要な行事として、神幸祭に際して橋上祭が催されていました。橋上祭とは、男神が女体社へ向かうという儀式

大宮氷川社の神橋

信州諏訪大社

です。このことから、かつて氷川社が一体であった頃、大宮の男体社から三室の女体社へ神幸が行われていたのではないかと想像されます。分裂したあと、大宮氷川社は、社内に男体・女体・簸王子の三社を祀り、氷川社独自の神事を催すようになったものでしょう。

女体社の御舟祭りも、その当時の行事を、やはり自社独自の形態に変えたもので、原型は失われたものの、分裂後も同じように存続していたものと思われます。

このような御舟祭りと称されるものは、ここだけではなく、信州の諏訪大社、常陸の鹿島神宮など、だいたい、その起源が、神山信仰の出雲系とみられる古い形をした神社で行われています。

ここに、信州諏訪大社についての資料があるので、参考までに見てみましょう。

信州諏訪大社は、氷川社と同じように祭神を出雲系の建御名方命《たけみなかたのみこと》としています。諏訪大社伝説によると、上社祭神建御名方命は、下社祭神の八坂刀売命《やさかとめのみこと》を妻としていて、しばしば諏訪湖を渡って妻のもとを訪れていたといいます。この諏訪湖の伝説と同じことが、見沼でも行われていたのではないでしょうか。つまり、大宮の氷川社の男神須佐之男命が、三室の女神奇稲田姫のもとへ通う——。この神事が、見沼の御舟祭りの原型ではなかったかと思われます。

現在、信州の諏訪大社は、上社と下社に分かれ、さらに上社が本宮と前宮、下社が春宮と秋宮に分かれています。御舟祭りは、下社の春宮と秋宮の間で行われています。

この御舟祭りは、毎年二月一日と八月一日に行われる遷座《せんざ》祭のことを言います。諏訪社の神霊は一年の前半を春宮に、後半を秋宮に鎮まるという習わしになっていて、八月春宮から秋宮へお帰りになるときの神事の行事が御舟祭りです。現在は、巨大な舟型に翁《おきな》、媼《おうな》の神像を飾り、これを多勢の氏子が曳行するもので、湖ではなく陸の上を春宮から秋宮まで曳いて行きます。

したがって、諏訪社の舟祭りも、時代とともに形態が変わってきているものと思われ、もともとは、湖の上で行われていたのではないでしょうか。また、現在は、春宮と秋宮との間で行われていますが、かつては上社と下社が氷川社のように同一体で、この御舟祭りも、湖を隔てて上社と下社の間で行われていたのではないかと推測されます。

江戸時代の御舟祭り

古代から行われていたであろうと思われる御舟祭りも、江戸時代になって、その姿を変えていきます。

徳川家康が関東入国を果たし、五十石の社領を女体社へ寄進してから、これまで五年ごとに行われていた御舟祭りも、一年おきに改められました。

家康が天下分け目の関ヶ原合戦に勝ったのが慶長五年（一六〇〇）、同八年に征夷《せいい》大将軍となり、江戸幕府を開きました。これから見沼が干拓された享保十三年（一七二八）まで、一二〇年の間、見沼の御舟祭りは、古式にのっとり隔年ごとに行われていたわけです。

御舟祭りの様子について、女体社由緒書には、次のように記されています。

神主以下此月朔日《さくじつ》より豫《あらかじ》め別に潔斎し此間数度の神事あり、五日には「垢離取」と称して神主以下凡《おおよ》そ神事に與《あず》かる者は悉《ことごと》く船にて川口町に至りて、荒川の水に浴し身禊の神事を行ひて帰り、当祭典終って神霊を神輿に遷《うつ》し神主以下警固して沼辺に至り、神輿を装飾したる御舟に移し、漕ぎ出すこと一里余にして湖の中央なる斎場(湖中東西南北の四隅に竹を建て注連縄《しめなわ》を張る)に至りて東西南北に向ひて、各其の方角に立ちたる竹の本に、餅・赤飯・御酒の三種を沈め、神主祝詞《のりと》を奏し、次に奉幣《ほうへい》、次に御神楽《おかぐら》あり、式了《おわ》りて御舟を漕ぎ戻し、神霊を本社に鎮め奉り祝詞を奏して退散す

御舟祭りは、女体社におけるもっとも重要で厳粛な神事でした。御舟祭りが執行される当日まで、神主たちは、火で潔め、水で潔めて、本番の神事に臨んだのです。

往古の見沼の姿や、御舟祭りの様子を伝える絵図等も残されてはいませんが、かつて享保年間まで、そこには広大な沼があり、沼には小舟が浮かび、盛大な御舟祭りが行われていたのです。よき時代の見沼周辺の村人たちの生活が、そこにはあったのです。

2　磐舟祭りと祭祀場

干拓地に祭祀場できる

見沼の干拓によって、社最大の神事行為である御舟祭りが執行できなくなったことは、女体社にとって、重大な事件でした。

しかし、御手洗瀬といえども、幕府は新田開発の方針を曲げることはできません。ここで、社が考えたことは、舟祭りに代わる祭祀場を設けることでした。そのため、時の神官武笠宮内によって、幕府へ対し社頭の干拓地の一部に祭祀場を設ける願いが提出されています。

この願い書の案によると、祭祀場として二〇間四方の土壇場の築山を築き、その土壇場の周囲に一〇間通りの池をめぐらすというものです。そして、その土壇場の築山に船型の高壇を設け、ここで舟祭りと同じような神事を行うというものでした。

宮内が計画案を幕府へ提出、許可が下り、工事にかかるまで、その間のいきさつは、記録がとぼしいのでよく分かりませんが、幕府はこの願いを聞き届け、干拓工事と並行して祭祀場の造成を行わせているようです。

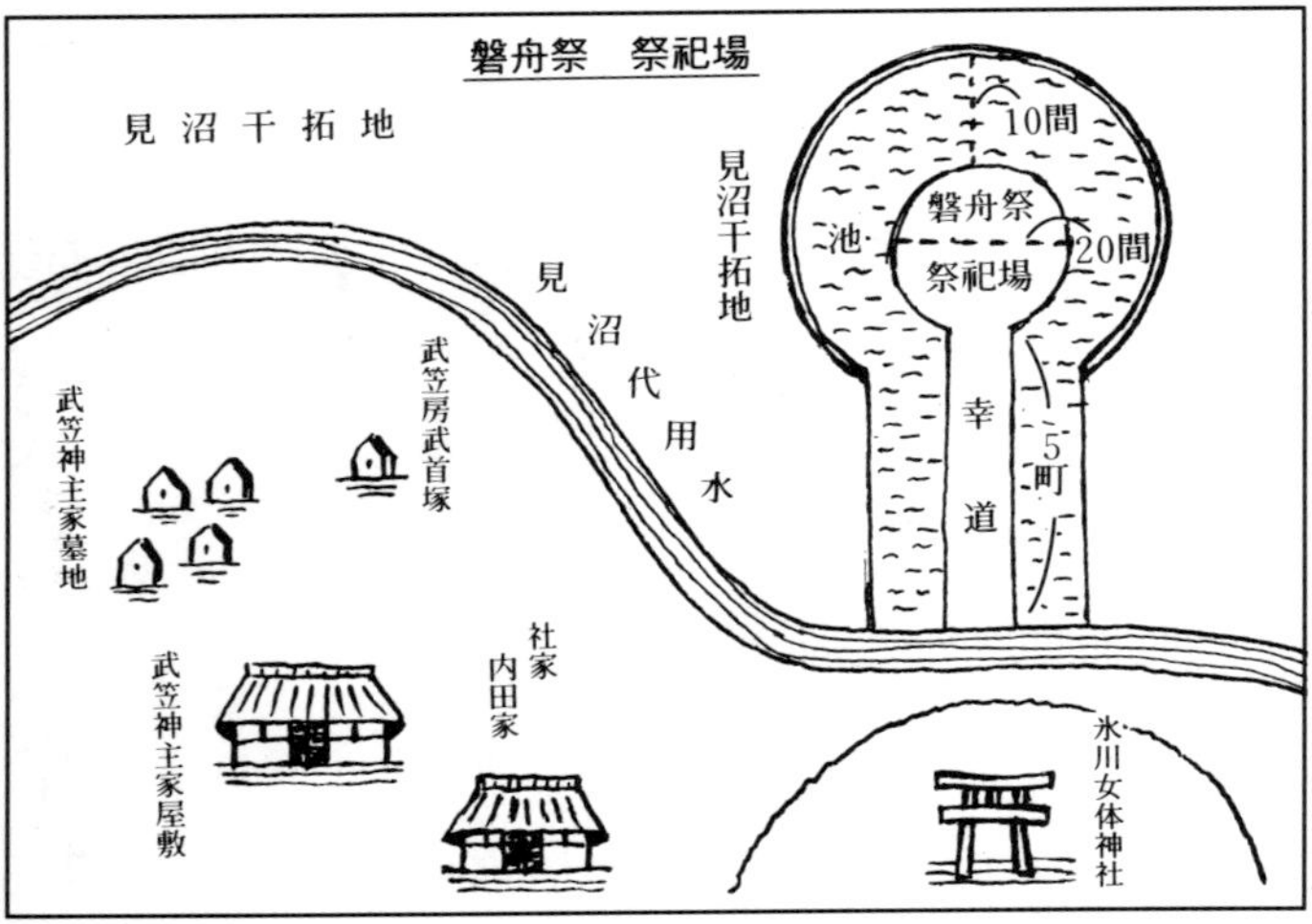

磐舟祭祭祀場

武笠宮内が、幕府へ願い上げを行ったのが享保十二年九月、享保十三年五月にはすでに見沼干拓へ取りかかっていますから、祭祀場の造成もその頃ということになります。

ここに、宮内が幕府へ提出した計画書がありますので、示しておきましょう。

御船祭相移候訳

一、祭禮場弐拾間四方ニ山を築申候事

但柳竹ヲ植、其外植木之作法有之候事

一、祭禮場惣廻リ十間通リ池を掘此土ニテ山を築申候事

但此池之外へモ植木致候事

一、神輿御幸道幅十間長鳥居前ヨリ五町程

但此両縁へモ植木仕候事

つまり、社頭の前方、鳥居前より五町ほど

のところに、二〇間四方の土壇を築くわけで、その土壇場は、周りを掘って出た土で築くというものです。祭礼場の土壇場や、池の周り、御幸道の縁などには植木を植えるようにしています。

ともかくも、神社側の運動によって、干拓地の一隅に御舟祭りの代替えとしての祭祀場は確保することができたわけです。しかし、御手洗瀬として見沼が神領であった女体社にとって、この位のことはあたり前のことで、大きな犠牲を払って、ようやくに、その存続がはかられた、ということでした。池を含めた祭祀場は、おおよそ千四百坪ばかりで、そのほか、沼中の御旅所としていた俗に〝四本竹〟の場所も、かつての祭祀場ということで、神社側の所有となりました。

幕府側が、これほどまでの計らいを行ったのも、やはり武蔵一宮としての存在を認めたものであり、家康が社領寄進の折、徳川家の武運長久の祈願所としてのお墨付を下していたことにもよると思われます。

磐舟祭り開始

おそらく一千年以上も続けられてきたと思われる原始信仰の形を残す見沼の御舟祭りは、干拓によって、その長い歴史を閉じました。御舟祭りに使用されていた渡幸船も、沼を行きかっていた見沼周辺の村々の小舟も、沼からすべて姿を消してしまいました。

氷川社磐船祭祭祀遺跡

干拓地は、周辺の村人たちによって、早速に、水田化され、早いところでは田植えが行われ始めました。これまでと違って降雨に関係なく、田の利用水は、見沼干拓地の両側につくられた見沼代用水路によって、上流の利根川から豊富に流れてきていました。周辺の村人たちにとって、もはや、水不足や、増水による水没、干害などの心配もなくなったのです。

　この田園化されたかつての見沼の一角に、一ヵ所だけわずかに沼が残りました。それが、御舟祭りの代替としてつくられた、女体社頭の新しい祭祀場の池です。

　見沼干拓が完成したのが享保十三年のはじめですが、その翌年享保十四年九月八日に、第一回目の新しい祭りが行われました。これを〝磐舟祭《いわふねまつ》り〟といいます。見沼干拓の折の神官は、武笠宮内でしたが、宮内は、転んでもただでは起きなかったのです。ちゃんと御舟祭りの代替の地を確保、磐舟祭りと形は変わりましたが、古来からの伝統の祭祀は存続させたのです。

七

社僧と社家

1　社僧文殊寺

文殊寺の由来

かつて女体社の境内の中に、神宮寺として文殊寺というのがありました。寺伝によると、三十七坪の本堂と文殊堂があり、大般若経を収蔵し、毎年正月八日、天下泰平・五穀豊穣の転読会が催されていたといいます。江戸時代、女体社五十石のうち六石四斗を配授され、住職は別当職（僧職の他に神職をも兼ねること）を勤めていました。この文殊寺が、いつ頃の創建で、どのような由来によるものか、確かな記録はありません。女体社が、崇神天皇の時代と古い歴史を持つことから、あるいは女体社の神宮寺も、かなり古い時代からのものではないかと考えられます。

日本へ仏教が伝来したのが、六世紀の中葉、欽明天皇十三年（五五二）とされています。伝来の当初、排仏派による仏教排斥が行われましたが、聖徳太子の時代になると、次第に人々に受け入れられ、やがて仏教隆盛へと向かいます。仏教と神道が平和的に共存しはじめることになります。

神仏混淆《しんぶつこんこう》という思想が生まれてきたのは、奈良時代の前後です。神仏習合《しんぶつしゅうごう》ともいいますが、これによって、仏教と神道が共存から、さらに進んで一体のものとなっていきます。

現在の文殊寺本堂

つまり神仏混淆とか神仏習合というのは、「形は違うが、もとをたどれば神も仏も同じもの」という本地垂迹《ほんちすいじゃく》説《せつ》によるものです。

こういった思想によって、神社と寺院の分け隔てがなくなり、神社の中に寺院がつくられるようになります。古代以来の神々を祀る聖地に、仏者が入り、神仏習合が展開されていくわけです。

このようにして、いつの時代にか、女体社にも寺院がつくられるようになりました。神社の中につくられた寺院を「神宮寺」といい、僧尼が神々に仕えるので、これを「社僧」といいます。

奈良時代から平安時代にかけて、全国の有名な神社にも、神宮寺がつくられていきます。とくに平安時代には、最澄《さいちょう》・空海によって天台宗・真言宗が開かれますが、それらは密教の要素を持つもので、神宮寺は、このような密教的なものも影響しているようです。
文殊寺について『新編武蔵風土記稿』には、次のように記されています。

文殊院、当社を守る社僧居れり、天台宗、中尾村吉祥寺の門徒、本尊弥陀《みだ》を安す、御朱印の内五石を配当せらる。

文殊堂、持統天皇御寄附ありといふ大般若経を収む、古物なることは疑ふべくもあらねど、御寄附のものと云據《きょ》はなく、御寄附の末に女体大明神金剛仏子性尊、元弘三年書写――

このように、風土記稿の記すところによると、持統天皇勅納の大般若経があって、その後性尊という者がそれを書写したとあります。「御寄付のものと云拠はなく――」ともありますが、ちなみに持統天皇は、奈良時代の少し前、飛鳥時代藤原京の女帝です。壬申の乱のあと即位した大海人皇子―天武天皇の皇后で、天武天皇の没後（六八六年）即位しています。

本尊については、「弥陀を安す」とあります。弥陀とは阿弥陀如来《あみだにょらい》のことですが、同寺は併せて文殊菩薩を本尊としております。文殊菩薩は、俗に知恵の菩薩とされ、神社における学問の神様、天神様と比べられます。

右のように、文殊寺の由来については、どうも大般若経とのかかわりがあるようです。あるいは、大般若経が入ってきた頃が、文殊寺の起源になるかもしれません。

ともかく、女体社の神宮寺文殊寺は、江戸時代を経て明治の廃仏毀釈《はいぶつきしゃく》まで続きます。それまでの間、女体社には神主と社僧が共にいて、神仏混淆の下で神の祭り事を行っていたわけです。

大般若波羅蜜多経

女体社文殊堂に収蔵されていた大般若経は、正式の名称を「大般若波羅蜜多経《だいはんにゃはらみったきょう》」といいます。三蔵法師といわれた僧玄奘《げんじょう》が、印度から中国へ持ち帰った経典の一つで、六百巻から成っています。この女体社の大般若経を、中世時代、書写した者と真読した者がいます。これは、どちらも、大変な難業です。

ではまず、写経をした〝つわ者〟から見てみましょう。これを成しとげたのは、はじめの四百巻を性尊という僧が、正慶二年（一三三三）から暦応二年（一三三八）の五ヶ年にかけて一人で行っています。南北朝時代です。

一口に四百巻といっても、膨大な数量です。横につなぐと、三・二キロにも及びます。奥書によると、性尊は目が不自由になったにもかかわらず、これを押しきって写経に邁進《まいしん》したとあります。

性尊については、どういった人物かよく分かりませんが、川越仙波にある無量寿寺の僧という見方が強いようです。この大般若経を納める別当文殊寺が、無量寿寺中院の末吉祥寺の末となっているからです。性尊が書写したこの経巻には、奥書が書かれており、これによって、写経した理由などが分かります。それによると、この地を支配していた河越氏一族の繁栄のためになされたことがうかがえます。では、その奥書の一部を見てみましょう。

巻第百十九
右志は当社繁昌の奉為《おんため》なり

右志は当所の地主平人々殿中が安穏《あんのん》、子孫繁昌、所従《しょじゅう》（中世、農事や雑務に使われた家内使用人）・眷属《けんぞく》（一族、家の子、郎党）・牛馬・大畜生の益々万倍、心中所領、成就円満、一切衆生、皆成仏道の為、両眼苦暗と雖《いえど》も、之を書写する所なり

巻第三百九十三
右志は、平重遠并《なら》びに平芳縁并びに平泰重が子孫繁昌、福寿長遠、心中祈願、皆満足せしめんがためなり

文中に、平人々とか平重遠・平泰重という人物の名が出てきますが、これらは河越氏一族の者です。したがって、この地を支配していた河越氏一族の繁栄のため性尊に大般若経の書写をさせたものと考えられます。あとの二百巻は、至徳二年（一三八五）から翌年にかけ、河越仙波玉林坊の僧によって書写されています。

では次に、この大般若経を真読した〝豪傑〟は誰かを見てみましょう。

真読とは、実際に全経巻を読み上げるものです。全六百巻という膨大な大般若経を読み上げるのは、並大抵のことではなく、そのため一般には頭書の部分だけを読む転読が行われるのが普通です。じじつ、現在まで真読されたのは、戦国時代にただの一回きりです。

大般若経全六百巻を四百年前真読した者は、写経に続き、河越中院の僧奝芸《ちょうげい》だったのです。

この時代、一帯は岩槻太田氏の支配下でしたが、北条氏の勢力が延び、河越氏はその制圧下にありました。河越の中院は太田氏の庇護《ひご》を受けていたようで、このような状況下、奝芸は太田氏の勝利を祈って、この大般若経の真読を行ったもののようです。大般若経の中に、真読をした理由が書き込まれています。

○辛酉年（永禄四年）関東大破、持氏以来今度始也、仍《よつて》為図安穏《あんのん》真読中院
○越国衆上州細井楯籠《たてこもり》、氏康西上野ニ張陣、勝敗相半也、仍真読中院
○壬戌年（永禄五年）管領氏康取合時真読中院
○亥年（永禄六年）正月、松山籠城敵氏康味方太田美濃守一門為繁昌真読奝芸
○辛酉　岩槻為安穏真読奝芸

江戸時代の文殊寺

江戸時代における文殊寺の存在は、どのようなものだったのでしょうか。〝村の文殊様〟といった感じだったのでしょうか。記録によると毎年正月八日には、神前で天下泰平、五穀豊穣の転読会が催されていたといいます。

文殊寺は、吉祥寺の末となっていますが、吉祥寺は隣り村の中尾村にあります。女体社の社僧であるとともに、吉祥寺の門徒にもなっていたわけです。江戸時代を通じ、社僧は一人から、多いときは弟子も入れ数人がいたようで、社中宗門改帳によってその移り変わりが分かります。

では、いくつかの社中宗門改帳によって、社僧の様子を見てみましょう。

享保十一年（一七二四）	武笠宮内のとき	社僧	一人	
享保十七年	武笠宮内のとき	社僧	一人	
元文二年（一七三八）	武笠宮内のとき	社僧	一人	
文化五年（一八〇八）	武笠外記のとき（丹波）	社僧	○	
天保八年（一八三七）	武笠大学のとき（内蔵輔）	社僧	覚渕	二十七才
		弟子	小納言	十才
		召仕	市	四十才
天保十二年（一八四一）	武笠大学のとき	社僧	覚渕	三十三才

嘉永　六年（一八五三）　武笠大学のとき　社　僧　心　渊　三十四才

弟　子　小納言　十四才

後　見　常智房　三十三才

安政　四年（一八五八）　武笠大学のとき　社　僧　心　渊　二十八才

後　見　常智房　四十才

弟　子　大雄房旭渊　二十一才

弟　子　左中将晃渊　十一才

召　仕　峰　吉　十三才

召　仕　仙　蔵　十三才

時代が下るにしたがって、社僧の人数も増え、安政四年にいたっては、召仕も入れ六人の大世帯になっています。大借金を残して死んだ僧もいたようですが、この頃は台所の事情もよかったのでしょう。

文殊寺の財政のやりくりは、女体社五十石のうち六石四斗ほどが与えられており、その後享保の見沼干拓によって除地として与えられた十町のうちから、さらに社家と文殊寺へ一町ずつ預けられています。それによると、

此度見沼新田之内祭礼料并備魚代十町歩御除地有之候、右之地向後（以後）共ニ為祭礼料神主

文殊寺境内にある文化財説明板

預リ支配可仕候、但社家社僧へ少々宛預ケ置候ハバ、地所之高ニ応ジ預リ候者ヨリ祭礼料可差出事ニ候

とあり、除地の内預り高に応じて、祭礼料を差出すことを取り決めています。社僧も、女体社の中の一員であったことがうかがえます。

2 社家

社家とは

神社に神主のいるのは、誰でも知っていますが、社家とか社人ということになると、あまり知られていません。女体社の文書にも、神官のほかに祠官《しかん》としての社家が出てきます。

では、この社家とは、いったいどういった性格のものなのでしょうか。

江戸時代、女体社は幕府から社領を寄進され、寺社奉行所の管轄《かんかつ》にありました。これは、一種の官社です。官社には、祠官として神官と社家がいることになっています。女体社の場合、社家は女体社五十石のうち、十三石六斗が給され、公認の官職でした。

もともと古代においては、神主とか社家といった区別はなく、ともに祠官として国司が任命するものでした。しかし、平安時代になって、祭祀（社務）と管理（所務）が分離していく傾向になり、やがて神官と社家といった職制が成立してきます。これは、祭祀のほかに、管理の任務も重要であることが認識されてきたためです。女体社に、いつ頃から社家が置かれたか明らかではありません。おそらく、大宮氷川社から分離し、女体社が独立の形になった頃ではないかと考えられます。

公の神主家文書には、別に「社家」などとは書かれていなくて「祠官」となっています。江戸時代、女体社の社家を務めたのは、内田家と武笠名主家でした。武笠名主家は名主職と兼務でしたが、内田家は家職として累代世襲して専属の社家を務めています。

こういった神社の組織は、大神社と小神社では異なっていたようです。近世、大神社となっていた大宮の氷川社は、どうであったか見てみましょう。

近世における氷川社の奉仕者には、神主、社人（社家・社役人）、下役人、神子（巫女）などがありました。神主は近世当初、岩井・角井・金杉・内倉の四神主でしたが、のちに岩井・東角井・西角井の三家となります。江戸末期の社人としては、社役人に井上・磯部・堀江・加藤・杉山の五家があり、このうち杉山・堀江両家は巫子《みこ》職・神楽《かぐら》役を分担、また、下役人に杉山・高橋・瀬田の三家がありました。下役人というのは、境内の掃除をしたりする雑用係みたいなものです。

また神職について、一般に大神社は、宮司・禰宜《ねぎ》・祝部《はふりべ》等の職制となっていますが、小神社の場合、神主も一人になります。女体社は、江戸時代を通じ、神主一人で、あと社僧と社家だけでした。しかし、女体社は、小神社ではありましたが、武蔵一宮としての格式を持つ由緒ある神社であり、近世を通じ、大宮の大神社と同等に扱われて明治にいたっています。社家として神主家を助けてきた内田家の功績も、大きかったと思われます。

社家内田家

神社では、年間多くの神事・祭礼が行われます。神主は、神事に際して祝詞をあげたり、寺社奉行所へ提出する書類を書いたり、神職としての仕事が主で、とても神事・祭礼の準備をしたり、他の雑用をやっている余裕はありません。また、神社の管理・維持といった仕事も出てきます。こういった神社の諸々の側面的な仕事をするのが社家内田家の務めでした。いわば一般にいう執事《しつじ》、あるいは支配人といったものでしょうか。

したがって、社家は、いつ何どきでも神主の求めに応じられる態勢にいなければなりません。そのため、内田家は女体社のすぐ近くにありました。先祖代々、この地にあったようで、かなり古い歴史を持つもののようです。

内田家には、系図等もないようで、詳しい家系は分かりませんが、いくつかの宗門改帳によって、江戸末期の内田家の家族構成などをうかがうことができます。

その宗門改帳のいくつかを、見てみましょう。

社家内田家子孫
内田宣太郎さん

文化五年十月　祠官

	内田数馬	三十四才
内田数馬父	内田隼人	五十九才
内田数馬妻	たつ	二十七才
同　人　弟	金吾	七才

天保八年四月　祠官

	内田数馬	六十三才
内田数馬倅《せがれ》	内田要人	二十六才
内田要人妻	里ん	二十七才
内田数馬娘	てう	二十才
内田要人娘	よし	八才
同　断	えい	三才

内田数馬召仕　庄三郎　四十五才
内田数馬下女　きん　二十七才
同　断　てつ　十六才
安政四年三月　祠　官
内田要人　四十六才
内田要人妻　里ん　四十七才
同人　娘　よし　二十八才
同　倅　儀十郎　十四才
同　断　直三郎　十二才
同　娘　さた　十才
同　断　和き　八才
同　倅　文八郎　六才
同　娘　まさ　三才
内田要人召仕　新三郎　三十四才
同　金蔵　三十九才
〃　津ゆ　三十才
〃　満ち　十三才
〆拾三人内　男六人
女七人

八

見沼干拓以降

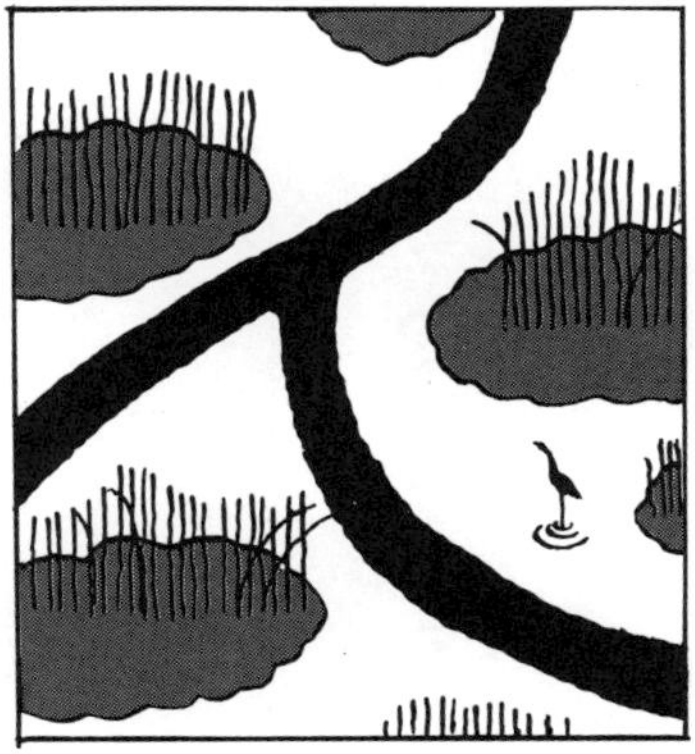

1 神社の立場

幕府の態度

見沼溜井の干拓によって、大宮台地の東部に約千二百町歩の広大な新田が誕生しました。ここはかつて氷川女体社の御手洗瀬で、幕府は開発に当たって神社側と、干拓の暁にはその新田地の十分の一を神社へ寄進することを約束していました。女体社は、その条件のもとに、御手洗瀬の干拓に同意したのです。

また、女体社としては、古来からの御手洗瀬を失うことで、以後神社の在り方が根本的に変わっていくことを危惧《きぐ》し、容易に干拓同意に踏み切れなかったと思われますが、これまでの五十石に加え干拓新田のうち百町ほどが増えれば、また異なった発展の仕方もできるだろうと思っていたに違いありません。

しかし、神社側の、このような期待とおもわくに反し、幕府は干拓新田のうち最初の約束十分の一ではなく、百分の一の十町ほどを除地として女体社に支給したに過ぎませんでした。

これは、全く幕府の約束違反です。神社側は、この幕府の処置に対し怒り、最初の約束通り新田

現在の見沼干拓地

地の十分の一を支給するよう強く要求しました。これに対し幕府は、神社側の再三の要求にもかかわらず、約束を実行しなかったようです。それでは、せめて半分の五十町歩なりとも、と神社は迫りましたが、この願いに対しても、幕府は知らぬふりをしていたようです。

ここに、女体社の由緒書、見沼新田に関して書かれた文書に、幕府に対し約束通り新田のうち十分の一を支給するよう述べられているくだりがあるので、見てみましょう。

明和四年一月

武州一宮女躰宮御由緒

――略――

右之通新田成就仕候処御入用夥敷相懸リ
候間先達而申候御寄附難相成候由ニて、

田地十町歩御除地被下候而百歩一程ニ相当リ候間其節早速御願申上候ハ、先達而十分一ハ御寄進可被成下候様被仰聞候間新田御請仕候処、右之通ニてハ御手洗瀬之御魚猟ニ引合不申難儀付候間、何卒田地百歩御寄進被成下候様御願申上候得共御聞届無御座候間、左候ハハ五十町歩成共御除地被下候様御願申上候得共御聞届無之社中一統困窮仕候

——略——

徳川家康は、大坂城を攻めるとき、一度和議を結び、そのどさくさにまぎれて、ちゃっかりと外濠を埋めてしまい、夏の陣に続く冬の陣で、大坂城を攻略してしまいました。大坂方にとっては、あとの祭りです。女体社としても御手洗瀬が埋められてしまっては、どうしようもありません。相手が幕府では、十分の一が百分の一に減らされても、我慢するよりほかにありませんでした。泣く子と幕府には勝てなかったのです。

安永八年（一七七九）に記された「見沼新田之訳」にも、この件について同じようなことが書かれています。

これら二通りの文書の文面から、見沼開発に当たって幕府は、明らかに氷川女体社に対し、御手洗瀬干拓の後、新田地の十分の一を寄進することを約束していたようです。神社としては、神社の生命ともいうべき御手洗瀬を失ったのですから、強く約束の履行を迫ったのは当然です。幕府は、関東はすべて徳川家のものであり、その支配地に属するものはすべて、武蔵一宮といえども、幕府の命に従うべきである——という態度であったかもしれません。

干拓後の神社

干拓新田の十町歩は、干拓の終わった享保十三年、御普請奉行井沢弥惣兵衛の下役高橋儀左衛門、代官伊奈半左衛門の家来篠原丈右衛門立合で引渡しが行われています。

引渡された除地のうち、一町歩を同社の文殊寺へ、同じく一町歩を社家内田刑部へ、五反歩が同じく社家であり三室村名主も兼ねる武笠十兵衛へ割賦されました。それぞれの三者は、割賦されている代償として、毎年一定の祭礼料を女体社へ納めることになっていました。

女体社は、干拓によって得たこれらの除地と、当初徳川家康により寄進された五十石を神領として支配することになりました。しかし、御手洗瀬の干拓以後は女体社を大きく変えていくことになります。見沼の一角、女体社の社頭に、御舟祭りの代替としての祭祀場はできました。が、見沼干拓を境として、女体社の存在は一変しました。御手洗瀬を取られた女体社は、骨抜きにされたも同然です。自然と、周辺の村人たちの足も遠のくようになりました。御神体を失くしてしまったのでは、存在の意味がなくなります。

安永八年（一七七五）、武笠大学が記した見沼干拓後についての記録に、

此段私申上候儀如何敷奉存候得共新田以来御手洗由緒相離候様罷成、諸人信心薄相成候様ニテ歎ケ敷御儀ニ奉存候――

と、見沼が新田となり、御手洗の由緒がなくなったため、人々の信心が薄れてきたことを歎いています。人の心も、世の中も、そんなものです。落ち目になると、寄り着かなくなるのは、いつの時代でも同じことです。御手洗瀬があって、御舟祭りが盛大に行われ、沼での漁猟が行われていた頃に比べ、神社の活気がなくなっていったことは、十分に想像できます。

女体社にとって、見沼干拓は、たいした利益にもならず、マイナス面が大きかったようです。あるいは、これが時勢であり、世の流れとして、いたしかたのないことだったかもしれません。しかし、はじめの約束通り百町がもらえていたら、神社の在り方も、もう少しは違っていたと思えます。神社としては、かえすがえすも、残念であったに違いありません。

2　干拓と村々

干拓の効果

見沼溜井の干拓によって、約千二百町歩の新田が誕生し、利根川から延々六〇キロに渡る用水路が設けられ、用水は灌漑水としてこれらの新田を潤《うるお》すことになりました。

これまで田畑の浸水や用水不足に悩まされてきた周辺の村々でも、溜井の水量に左右されることなく、多量に流れてくる用水によって、これまでの諸々の争い、心配が取り払われることになりました。干拓前、水の取入口から六〇キロも下流まで用水が流れてくるはずがないと危惧し、干拓の反対運動を行った溜井下流の村々へも、用水はとどこおりなく配水されることになったのです。

用水は、見沼周辺だけではなく、用水路の開削に伴ってできた他の干拓地へも配水されることになりました。享保十三年見沼が干拓され、代用水ができると、用水路の途中に当たる一帯の大小の沼も相次いで干拓され、見沼代用水から村々の水路に数十の導水樋を施設し、代用水を分けました。

これらの沼の主なものは、次のようなものです。

①岩瀬沼②小針沼③屈巣沼④油井ケ島沼⑤河原井沼⑥小林後沼⑦小林前沼⑧常光沼⑨柏山沼⑩柴山沼⑪原市沼⑫春岡沼⑬伝右衛門沼⑭鴻沼⑮上谷沼⑯伊刈沼⑰蕨沼⑱美笹沼⑲谷原沼⑳新和沼

したがって、見沼代用水は、単に見沼周辺の灌漑に利用されただけではなく、他の干拓地へも広範に渡って配水されています。見沼新田の千二百町歩はもとより、他の干拓地も入れると、おおよそ一万七千町歩の田地が見沼代用水によって潤されることになりました。

見沼の干拓で特筆すべきことは、六〇キロに渡る用水路の開削はもちろんですが、通船堀の開設によって舟運が行われるようになったことです。用水路周辺の村々では、村の産物をこの通船によって江戸へ運び、江戸からも物資を村へ運びました。

女体社下の西縁用水

見沼干拓と見沼代用水路、通船堀の開設は、この一帯の村々へ大きな恩恵を与えたといってよいでしょう。以後、この用水を、見沼に代わる用水源ということから、「見沼代用水」と呼ぶようになりました。

用水路は、上尾市瓦葺で東西に分流し、それぞれ干拓地の東西の縁に沿って流れています。西縁を流れる用水を「西縁用水《にしべりようすい》」、東縁を流れるのを「東縁用水《ひがしべりようすい》」と呼びます。用水路は、各所でさらに分流して一帯の水田に用水を供給しています。

新田と村々

見沼干拓の計画がなされたとき、幕府は周辺の村々へ干拓に参加するように呼びかけました。見沼溜井下流の村々では、干拓に反対したため、村請の開発に参加しませんでしたが、水没に悩まされ干拓に賛成した上流十七ヶ村は、こぞってこの開発に参加しています。

村請は直接村人が工事に参加し、工事費なども負担するわけですから、新田ができた暁には、当然新田を優先的に利用する権利も獲得します。

村請に参加したこれら十七ヶ村では、享保十二年に、幕府に対し見沼新田についての御請文を提

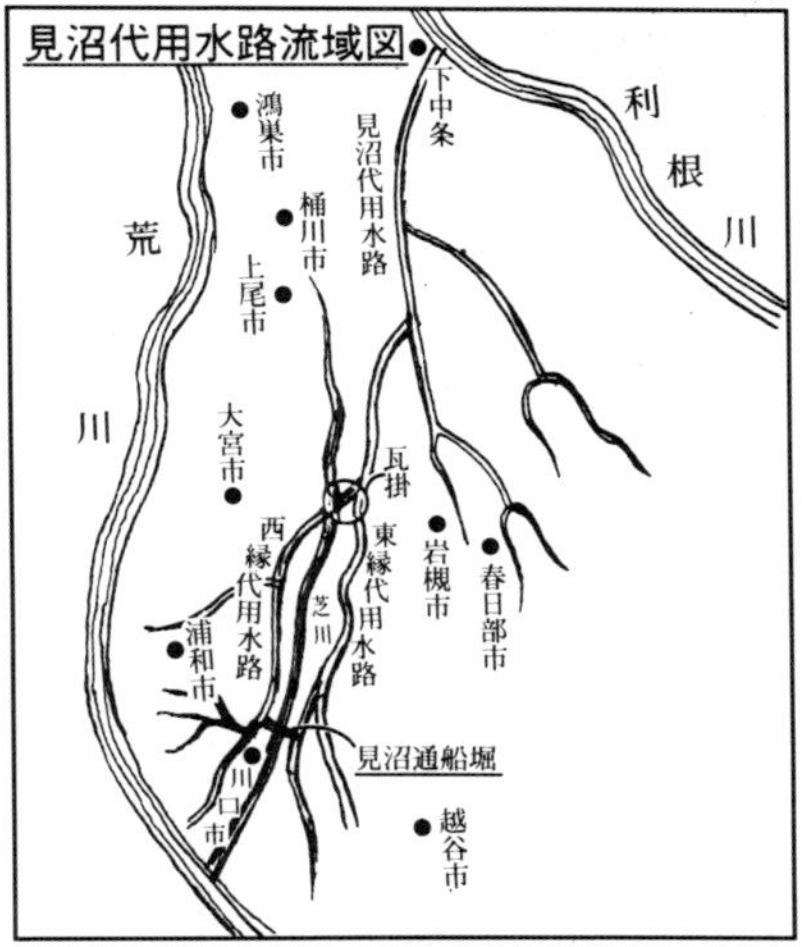

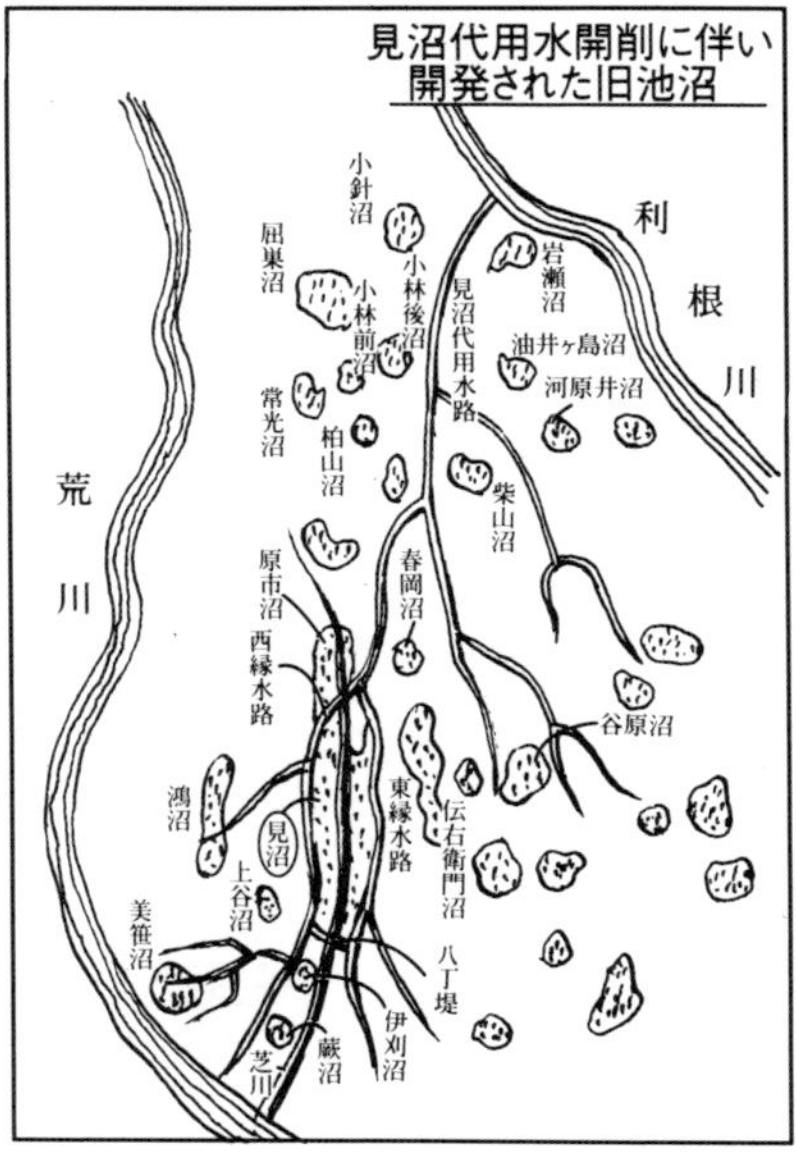

出しています。

『見沼代用水沿革史』（武笠家文書）によると、十七ヶ村で請負って工事したのは、一二二八町五反歩で、その中から、氷川女体神社備魚代として十町歩、代地として二町六畝二十一歩、新染谷村道として一反五畝、武笠一和会へ五反歩、三室村へ十町歩、片柳村へ十八町歩、万年寺へ五町歩、町人三人（越後屋半蔵・野上屋助七・猿島屋長五郎）へ百町歩を渡しています。

万年寺へ五町歩とありますが、これは、普請奉行井沢弥惣兵衛がこの寺に期間中事務所を置き、世話になったお礼として寄進したものでしょう。干拓当初江戸の町人三人が普請を申し出ましたが、幕府は商人請けさせず村請としました。資金だけを商人に出させたため、その代償として百町が商人に渡されたと思われます。

残り九八七町は、半分高割、半分均等割とし、各村に割渡されることになりました。

新田を請けた周辺十七ヶ村は、これまでの本村の田畑の上に、干拓地の新田を加えて耕作することになりました。

九

女体社の造営・修理

1　社と寺社奉行所

江戸時代の寺社奉行所

　江戸時代、全国の寺院神社は、すべて寺社奉行所の管轄にありました。寺社奉行所は、これら寺院神社に関する事柄一切を掌《つかさど》り、その総元締的な存在になっていました。もちろん武州三室村氷川女体神社も、その管轄下にあったことはいうまでもありません。

　寺社奉行という制度ができたのは、鎌倉時代からで、その後室町時代になると寺院と神社が別々に分かれ、それぞれ寺奉行・社家奉行などと呼ばれていました。

　これが、江戸時代になると、再び寺院と神社が一つにまとめられ、両方を寺社奉行所が管掌《かんしょう》するようになります。幕政の機構として、町奉行・勘定奉行・寺社奉行と三奉行が置かれていましたが、寺社奉行は、これらのうちの上座とされました。

　寺社奉行は、三代将軍家光のとき、定員を三人とし、のち寛永十七年（一六四〇）に四人となりました。奉行は帝鑑の間、雁間詰の譜代大名の中から任補され、従五位上に叙し、英蓉《えいよう》間詰となります。格式によって詰める部屋が違ってくるわけです。奉行へなるコースとして、普通はまず大番

氷川女体社本殿

頭に補され、ついで大坂定番、伏見奉行を経て奏者番《そうじゃばん》（大名・旗本が将軍に謁見する際、姓名の奏上、進物の披露または将軍からの下賜物を伝達する）となり、寺社奉行を兼ねるのが例で、老中・若年寄に次ぐ重職でした。

実際の仕事は、全国の寺院神社の全般に関する事柄で、もちろん造営・修理といったことも寺社奉行の管掌になり、監督指導を受けることになります。とくに女体社は、大宮氷川社とともに、幕府所在地の一宮として重視されていたようです。

女体社の造営・修理

女体社における神主家文書のうち公的なものは、ほとんど寺社奉行宛のものです。とくに、造営・修復についてのものが多いようです。

これは、神社の維持・管理について寺社奉行の直接の支配が行われていることを物語るもので、神社側としても、一応お伺いを立てていることが知れます。

書面の多くは願い書の類で、「乍恐以書付奉願上候」といった形式のものです。願い上げの内容は、勧下《かんげ》願・修復願・金拝借願・富興業願といったものが多いようです。したがって、造営・修復については、奉行所の許可・援助といったものが必要で、いちいち願い上げ、お伺いをしています。

女体社は、崇神《すじん》天皇の頃の創建とあるように、わが国における神社の中でも最も古い時代からのものです。古代において、どういった建築物であったか知る由もありませんが、おそらく草ぶき屋根の掘立小屋みたいなものではなかったでしょうか。その後永い歴史の間に、何度か造営が繰り返されました。

現在の本殿が再興されたのは、記録によると寛文七年（一六六六）となっています。江戸時代の初期に当たります。これによると、本殿は、徳川家綱（四代将軍）が、忍城主阿部忠秋を奉行として再興しています。幕府による、官費で行われたわけです。棟札《むなふだ》によって、このときの神主が、武笠豊雄であったことが知れます。

大巳貴神征夷大将軍源朝臣家綱公御再興阿部朝臣忠秋奉稲田姫尊武蔵国一宮簸河女躰
大明神神主武笠宮内丞豊雄三穂津姫命寛文七丁未六月十二日御遷座

本殿は三間社流造《さんげんしゃながれづく》りで、朱漆塗《しゅうるしぬり》のすばらしい建築です。これに幣殿、拝殿を付しており、形式上は複合社殿です。

この建築も、その後何度か修復が行われています。大きな修理としては、貞享五年、享保四年、寛延元年の三度です。

2 富くじ興行

江戸時代の富くじ興行

現代では、〝宝くじ〟というものが行われています。江戸時代には、この宝くじに相当するものとして〝富くじ〟というものがありました。映画や講談にも出てくる、おなじみのものです。長屋の熊さん、八さんたちが、当たりくじを失くして大騒動、といった筋書のものです。

一般に江戸時代の富くじ興行は、神社の境内などで行われていました。富くじ興行を開帳するのは、おおむね神社・寺院が興行元で、造営・修理費などの資金を得るために行うものです。

江戸時代、全国の由緒ある寺社の造営修理は、慶長の頃から多くは幕府でこれを負担し、あるいは補助金を支給して行ってきました。しかし、元禄の頃から幕府財政も次第に傾きはじめ、享保年間にいたって、財政節約のため、これらの援助を廃止してしまいます。

従来、幕府の手によって造営修理がなされてきた寺社は、これによって大きな痛手を被ることになります。そのため寺社は窮余の策として、幕府に請願し、富興行の許可を受け、その利益をもって造営修復の費用に充てることにしました。ここで登場するのが、「富興行」といわれるものです。

富興行が行われはじめたのはこの頃で、やがて寺社の特権となり良き財源となっていきます。一般的に富興行の最も盛んになったのは、いわゆる田沼時代の放漫政策の頃といわれています。

ここに、兄弟社である大宮氷川社が文政年間、東京深川で行った富興行の記録があるので見てみましょう。

その内容を見ると、興行場所は江戸深川の法乗院で、文政八年から三年間毎年二月・五月・八月・十一月の四度執行し、一回に売出す枚数は八千枚。一枚は銀七匁五分で、一千両を集金しました。当たりくじは百二十本で、当たりくじの最高額（一等）は百五十両が一本、二等は百両で二本、三等が五十両で二本となっております。一等の場合は「両袖《そで》金」が前後七両ずつついているので、連続して買えば七六四両の賞金が当たるようになっていました。当たりくじの賞金と諸入用を差引いて一回二八六両二分の利益があり、一年間では一、一四六両、三カ年で三、四三八両が神社に収納されたことになります。

神田明神

このように、富興行によって相当の収益があげられていることが分かります。神社の修理費等も、これによってカバーされ、大きな収入源となっていたことは間違いありません。

女体社の富興行

女体社においても、江戸時代何度かの富興行を行っています。主に江戸の神田明神、浅草天神あたりです。やはり、人の大勢集まる江戸の中心地にある神社が最適であったのでしょう。

富興行は、〝富突興行〟とも〝突富〟ともいわれていました。つまり、抽選のとき富札を錐《きり》のようなもので突き刺すので、そう呼ばれたようです。今日の「全国自治宝くじ」などでは、当選番号に矢を当てているようです。やり方は、昔からあまり変わっていないように思います。

富興行を行う場合は、まず最初に寺社奉行所へ対し「富御免願」という許可願いを差し出します。許可が下りてはじめて、実際の計画へ入ります。安永八年、浅草天神前の天野屋惣兵衛から、ときの女体社神主武笠大学へ出された一札があります。これは、富興行について寺社奉行所の許可が下りたあと、神社側から浅草の惣兵衛に富興行を請負わさせ、それについて惣兵衛が神主へ提出した契約書のようなものです。

それによると、神社の修復のため、江戸において、三年の間毎月一度ずつ富興行を行う。富興行について神社は不案内であるから、自分たちが代わりにやってやる。幕府で決めた規則通りにして、違反のないようにする。奉納金並びに前金は、別紙割合の通り。もし、奉納金が遅滞《ちたい》した場合、あるいは富興行に不埒《ふらち》の義があった場合は、引請人を他へ変えてもかまいません——といったようなことを一札の中に記しています。

それにしても、三年の間、毎月一度ずつとなると、相当の実入りがあったものと思われます。現在、浦和の郊外三室の地に、ひっそりとたたずむ田舎の小さな神社が、当時の大江戸のはなやかな地で富興行をやっていたとは、想像もできないことです。

富札の販売期間がある程度あったのち、富突の日がやってきました。当日は、富札を買った町人たちが三三五五、札を持って神社の境内へ集まってきます。例の熊さん、八さんたちも、やってきたことでしょう。やがて富突開始の声が上がり、箱の中の札番号を刺して、当たりくじの番号が読み上げられていきます。当たった者、はずれた者、おなじみの悲喜こもごものシーンが繰り広げられていくことになります。

興行の場所、程度は、それぞれの興行元である神社によって違っていたはずです。

富興行は、時の為政者《いせいしゃ》の政策によって盛衰はありましたが、天保五年（一八三四）水野忠邦が老中となると、取締りが厳しくなり、次第にその数を減じていき、ついに天保十二年の改革によって全面的に差し止めになり姿を消します。

3　勧化

勧化とは

神社の造営修理について、江戸時代の初期は幕府の手によって行われていましたが、享保年間から財政節約のため、自前でやらなければならなくなりました。

つまり、自分たちで、その資金をつくり出す必要に迫られたわけで、そのためにいろんな方法を講じました。富興行のほかに、「勧化《かんげ》」も、その一つです。「勧化」とは、つまり、今日の「寄付」とか「募金」といったものです。富興行も、一般大衆から募るものでしたが、勧化は、一国、あるいは数ヶ国、大神社になると全国を対象にすることもありました。勧化の方法は、神社の社人が直接家々を回って募金をして歩くもの、現代の〝赤い羽根募金〟のように、各村々に頼んで集めてもらうものと、いくつかのやり方があります。

寄付の対象は、金だけではなく、他の品物でもよかったようです。この時代、米は金と同じようなものでしたから、代わりに米を差し出す者も多かったと思われます。これは、志であるので、大小を問わず受け取っています。村々で寄付を募る場合、お触《ふ》れを出したり、金品を取り集めたり、すべて村の名主がその役割の代行を務めていたようです。

ここに、出雲大社諸国勧化についての一札があるので見てみましょう。これは、全国を対象にして募金が行われた例です。天保十一年五月、笹目領沼影村で行われたもので、名主五郎右衛門の名前になっています。これによると、出雲大社の勧化について、百姓共に申し聞かせ、いついつまでに名主方へ取り集め、それぞれの分を勧化帳に記載、触頭方で、社人が受け取りに来たとき、受取書を取って引き渡すように――としています。

女体社の勧化

氷川女体社の記録書にも、ところどころに神社修復のための勧化願い、再勧化願いが散見されます。勧化願いの主旨としては、武蔵一宮として東照宮様（家康）の御判物（寄進状）をいただいており、その際徳川家の御武運を祈る祈願所とされていること、代々の将軍からも御朱印を頂戴していること、しかしながら大破のままでは、満足な御祈願ができないので、勧化をご許可いただきたい――というようなものです。

では、神主武笠大学が、明和四年（一七六七）に寺社奉行所へ差し出した再勧化願いを見てみましょう。この再勧化願いによると、現在の東京・埼玉・群馬・栃木・千葉・神奈川県において、向こう五ヶ年間の勧化の申請を行っています。この勧化願いの中に「家別巡行仕候」とありますが、これは、これらの国々の村々を戸別訪問して勧化しようというものです。

この頃は、神社・仏閣が現代よりも広く崇敬されていた時代ですし、幕府としても、官費の助成を行っていたのを打切った手前、こういった勧化・富興行については、できるだけの協力をしていたと思われます。これは、代官支配地であろうと、他の私領・寺社領においても、勝手次第で、幕府公認のものでした。つまり、神社・寺院についての、一種の保護政策ともいうべきもので、天下ご免のものであったわけです。

もう一つ、延享四年（一七四七）の女体社修復についての勧化御免の控えがありますので、どんな内容のものか見てみましょう。公儀並びに増上寺へ廻した控えとなっています。

これによると、勧化の際、武蔵一宮の札を家別に配って寄付願いをし、戸別訪問は神主や社家の者が直接回るようにしています。勧化物は、物の多少によらず、どんなものでも帳面に記載し、品物の取り集めは名主に頼み、御料地の分は代官所へ、私領の分は領主地頭へ差し出し、あとで上野の勧化所へ持参するように――となっています。

町や村々の家を一軒一軒回って歩くわけですから、勧化といっても、大変な仕事であったわけです。これは、簸河神社だけではなく、他の神社も行っていたと思われますから、寄付を募られる方も、毎度のことで、こんな面での出費もあったわけです。

このほか、女体社は、宝暦十二年（一七六二）、寺社奉行所に対し、修復のため金五千両の拝借願いを出しています。返済は、十年賦としています。借りられたのか、返済したのか、その後の記録がないので分かりませんが、こんな大金をどうして返済するつもりだったのでしょうか。

越前守の虚像と実像

4　大岡越前守と女体社

テレビ・講談などでおなじみのあの大岡越前守が、氷川女体神社に出てくるのですから、また痛快な話です。ここでは派手な立回りの町奉行としてではなく、地味な役柄の寺社奉行時代の話です。

越前守は、伊勢の山田奉行をやっていたのですが、将軍吉宗から抜擢《ばってき》され、江戸南町奉行となります。当時町奉行となるのは、かなり年を取ってからで、六十歳前後でした。越前守は弱冠四十一歳で、吉宗が将軍に就任した翌享保二年（一七一七）に南町奉行に任命されています。

これから寺社奉行になる六十歳まで、二十年間町奉行をしていたことになります。この間に、裁判官として、また行政官として、数々の業績をあげています。したがって、享保改革の一環として行われた見沼干拓は、越前守の町奉行在任中で、当時は、女体社とのかかわりはありませんでした。

吉宗が越前守を抜擢した理由として、彼が山田奉行在任中に裁いた、松坂の農民と山田の農民の訴訟事件をあげています。これまでの奉行は、御三家である紀州領松坂の農民側の肩を持つような裁きばかりしていました。ところが、越前守は断乎たる処分に出て松坂側の農民をことごとく罪に落としてしまったといいます。公明正大で、いささかも権門に屈しない立派な態度が、当時藩主として紀州にあった吉宗の心に深く刻まれたとされています。

しかし、世にいわれている「大岡政談」で、越前守は、天一坊事件・白子屋お熊事件など十六件ほどの事件を裁いたとされていますが、彼がかかわったとされているのは、白子屋お熊事件の一件に過ぎないといわれます。あとは尾ひれがついて、やっていない裁判まで、彼がやったように誇張して伝えられたものです。どこで話が大きくなっていったのか分かりませんが、それでも、裁判官とは別に、吉宗を助けて、浅草の米相場と取り組み、株仲間を結成させて、問屋の支配を強化したり、さらに、江戸の名物にまでなった火事に、「いろは四十八組」の町火消しを組織して、その消火体制を固めるなど、他の方面で大いに実績をあげています。裁判官としては、事件の裁きとは別に、罪刑の連座制を廃止したり、あるいは拷問《ごうもん》を抑制したり、一般的には罪に相当する刑を軽くするなど、行政裁判官として有能ぶりを発揮しています。

元来、江戸町奉行というのは、江戸の民政を司る役人で、行政・裁判の権利を持ち、北町奉行と南町奉行に分かれていました。しかし、その行政・裁判の及ぶ範囲は、江戸といっても武家屋敷・寺社領は除かれ、たんに町方だけでした。当時の江戸で、町方支配に属する地域は約二〇パーセント、あとの八〇パーセントが武家屋敷と寺社領になっています。そのため、武士とか寺社にかかわる事件には手を出すことができず、もっぱら町人だけを対象とするものでした。

町奉行として二〇年、やがて元文元年（一七三六）寺社奉行となり、寺社とかかわりを持つことになります。氷川女体社も、その一つです。

越前守と女体社のかかわり

この江戸時代の花形スターが、武州の田舎神社、女体社とかかわりがあろうなどとは、資料を調べるまで、全く知らないことでした。その大岡越前守が、武笠神主家文書に、ちゃんと登場してくるのです。多分、武笠神主家の誰かが、寛延年間に越前守と会っていると思われ、あるいは武州三室村の女体社まではるばるやってきている可能性も考えられます。

神主家文書によると、寛延《かんえん》元年に、女体社では、社殿が大破し、当時寺社奉行となっていた大岡越前守に修復願いを提出しています。それに対して、越前守は同年二月、御銀三十枚を寄付、その上、徳川御三家をはじめ、大名・武家・寺社・町、武蔵一国についての勧化巡行の許可まで与えています。他の時期にも修復願い、富興行、勧化願いは提出されていますが、銀三十枚の寄付と勧化許可を同時に出しているのは、大岡越前守だけです。他の寺社奉行に比べ、大岡越前守が、女体社へ対し、特別に理解を示し、取り計らいを行っていることが推察されます。このように、特別な計らいをしてもらったわけですから、女体社としても、してもらっただけで済ましているとは思われず、早速江戸表へ神主が御礼に参上しているのではないでしょうか。あるいは修復完成のとき、越前守自ら三室村まで足を運び、完成した神社を視察に来たのではないかと考えられます。女体社が修復願いを提出した寛延元年は、彼が寺社奉行になって十二年目、七十二歳のときでした。

次に、大岡越前守が出てくる武笠神主家文書のいくつかを見てみましょう。

○明和四年（一七六七）、武笠大学の修復願いにおける大岡越前守に関する一部

一、惇信院様御名代右之通之、御由緒ニ御座候処及大破候間、寛延元辰年寺社奉行大岡越前守

様へ御修復願上候処、同二年巳二月御銀三拾枚被下置、并御三家様始大名方御武家方寺社町武蔵一国在々マデ家別ニ一宮ノ札相賦リ勧化巡行可仕候　御免被成下難在仕合奉存候、
○天保六年　武笠内蔵輔の女体社修復覚
一、寛延元亥年
大岡越前守様御掛ニテ御銀被下置、并御免勧化被仰付候
○神主家の他の記録によると、
修復すること三度、貞享年中（霊元天皇の御代）には、本多弾正少弼工事を督し、享保年中（中御門天皇の御代）には、酒井修理大夫、寛延年中（桃園天皇の御代）には、大岡越前守忠相之を督せり。現今の社殿は寛延年中修理のままなり。

とあり、越前守が寛延元年に銀三十枚を寄付し、勧化許可をして、集めた金で修復した社殿が、現在そのまま残っている、というものです。いまから二百五十年ほど以前のことです。

越前守は、六十五歳のとき、奏者番《そうじゃばん》というのを兼ね、三河に四、〇八〇石の加増を受けて一万石の大名になっています。彼が亡くなったのは、宝暦元年（一七五一）十二月十九日で、七十五歳でした。とにかく、いつの間にか彼の関係しない裁判にまで主役となって登場するようになったのは、彼の事績もさることながら、そのような人情味に富み、また公明正大な裁判官を待望する庶民の感情が、大岡越前守という一つの偶像をつくり上げていったのではないか――と思われます。

十

明治以後の三室

1　神仏分離と女体社

神仏分離とは

もともと日本では、古来からわが国独自の神の信仰が行われていたのですが、仏教伝来とともに本地垂迹《ほんじすいじゃく》の思想が起こり、神も仏も元をたどれば同じものだという考えのもとに、神社の中に寺院がつくられるようになります。

このような傾向は、奈良から平安・鎌倉と仏教が盛んになるとともに、神仏混淆《しんぶつこんこう》・習合の形態として浸透していきます。全国の主要な神社はもちろん、中小神社にいたるまで神宮寺、あるいは別当寺といったものがつくられています。江戸時代も、キリシタン弾圧政策による寺の檀家制度といったものをすすめることによって、寺の地位は強固なものになっていました。

しかし、一方、神仏分離の傾向は、朱子学、あるいは儒教思想が盛んになった江戸時代において、すでに芽生えてきていました。国学の発達が、それです。本居宣長、平田篤胤など国学者は、古典を重視、日本本来の神道に立ちかえるべきことを説いています。それに伴う、吉田神道《しんとう》、伊勢神道の勃興《ぼっこう》も、神道重視の傾向をいっそう強めたといってよいでしょう。

やがてこれらの考えは、江戸末期にいたって尊皇攘夷《そんのうじょうい》と結びつき、神国思想となり、神道中心主義は、さらにその勢いを強めていきます。

このような時期に明治維新を迎えるわけですが、明治維新政府が最初に宗教政策として掲げたのが神仏分離政策です。これは、神と仏を同じ場所で祀ることを禁ずるという禁止令となって現れます。仏教伝来以来、千年以上も混淆共存してきた神と仏を引き離すというものです。これは、民衆の信仰や神社・寺院の意志を全く無視した、政府の政策による一方的な命令によるものでした。

まず、慶応四年（一八六八）三月十七日に、神仏分離について、次のようなお達しが出ています。

神祇事務局より諸社へ達

このたびの王政復古の方針は悪い習慣を一掃することにあるので、全国各地大小の神社の中で、僧の姿のままで別当あるいは社僧などと唱えて神社の儀式を行っている僧侶に対して復飾（還俗）を仰せつける。もし復飾がどうしてもできない場合は、神祇《じんぎ》事務局に申し出るように。但し別当・社僧たちが復飾した場合は、これまでの僧位・僧官を返上すべきことは勿論である。なお、また神主の官位については追って沙汰をするので、当分の間衣服は白衣にて神社の司祭をつとめるように心得よ。

事実上の神仏分離で、これによって神社の中にいた僧侶は、神社から立ち去らねばならなくなりました。還俗とは、世俗に還るわけで、帰農するのが普通です。しかし、一部僧侶は、これまで神社へ仕えていたことを理由に、そのまま横すべりして神官に変わった者もいました。

慶応四年四月四日の「大政官達」では、社僧から神主へ変わることを申し達しています。

この度全国の大小の神社において神仏混淆のことは廃止になったので、別当・社僧などと称していた者は還俗の上神主・社人などの称号に改名し、仏教を捨て神道をもってその業とすべきこと。もしどうしても差支えがあったり、また仏教を信仰しており、この還俗に承服できない者は、神主として神社に仕えてはいけない。

しかし、このとき、神仏分離がよくのみこめず、廃仏《はいぶつ》毀釈《きしゃく》運動へ発展、寺院や仏像、器物などを破壊するところも現れています。その真意とするところは、単なる分離であり、仏教の排撃ではなかったのです。これによって、多くの由緒ある記録・古文書も失われました。

女体社の分離

明治維新政府の仏教排斥、廃仏毀釈の嵐は、武州足立郡一宮も例外ではありませんでした。女体社にも、現実として、分離令の波が押し寄せてきたのです。

女体社には、別当寺として、大般若経を守る文殊寺がありました。三十七坪の本堂と大般若経を収蔵する般若堂の別堂が境内に建てられ、毎年正月八日には神前で般若経の転読会も行われていました。社僧も多いときは弟子や召仕も入れ、六人ほどいたこともあります。しかし、女体社とともに長い歴史を歩んできた文殊寺も、神仏分離令の前には、いかんともしがたく、分離・崩壊せざるを得なかったのです。

このような中、人々は、神仏分離政策に、すぐさま順応していたわけではありません。長い歴史とともに築き上げられてきた信仰が、たとえ政府の命令とはいえ、ただちに変えられるものでもありません。各地で政策について、かなりの抵抗を示しています。神主たちが廃仏毀釈の行動を起こしたことに対し、逆に民衆が抵抗して寺院や仏像を守り抜いた例もあります。

女体社においても、文殊寺は他の寺社と同じように消え去る運命にありましたが、村人たちは、これまで信仰してきた文殊堂の御本尊も大般若経も、守り通したのです。はじめ同村の薬師寺へ避難させ、その後「宿」という部落の寺へ移しました。

ここに、江戸時代、見沼のほとりの台地上に、朝な夕な女体社の社僧としての役割を果たしてきた別当寺は、御本尊、大般若経とともに消え去ったのです。あとには、本来からあった女体社の社殿だけが、わびしく残りました。読経の声も聞かれなくなり、社叢《しやそう》の森の中に神主の祝詞《のりと》の声だけが、さびしく流れることになりました。境内の中の文殊寺とともに社僧もいなくなったことは、村人にとっても、まことにさびしいことで、心の支えを失った思いではなかったでしょうか。

一方、社僧が去った女体社の神主は、どうなったのでしょうか。晴れて神道だけの神社になったわけですが、十分な保護が加えられ、行く手は安穏な道だったでしょうか。

明治政府は、明治四年、上知令を寺社に布達して、多くの寺社の寺社領・朱印地・除地などを見境なく没収しています。これによって、これまで徳川幕府によって寄進されていた社領・除地が国によって接収され、寺院は自力で生きて行かなければならなくなりました。

さらに明治五年には、神主の世襲制禁止、神職の解任という一連の政策が追い打ちのように発せられ、ここに、古代より女体社とともに連綿《れんめん》と続いてきた武笠神主家も、ついにその終焉《しゅうえん》を迎えることになったのです。

三室村における小祠の合祀

これは、神社の分離ではなく統合です。明治政府は、明治三十九年の勅令による法令で、神社の整理政策を打ち出しています。これは、近代国家をめざす政策の一環として行われたもので、町村の再編成とともに神社の統合も行われました。これによって、明治四十年四月、村内の小祠《しょうし》を女体社へ合祀しています。

この合祀の目的は、小さい神社を統合し、より強固な祭祀組織を編成する、というものです。その内容は①旧村内の小祠などを村鎮守へ合祀する②数ヶ村にわたり整理し、その中の一社に他を合祀する③数ヶ村にわたり整理し、あらたに一社を設ける――などとなっています。

現在の文殊寺

では、小祠とは、どんなものでしょうか。これらの小祠は、神仏習合の時代には、寺社の管理下にあったものと、村人の管理するものとありました。神仏分離以降は、寺社の管理を離れ、多くは村人の共同管理になっていたものです。その信仰・管理は、氏子組織によって行われていました。

それでは、明治四十年に女体社へ合祀された三室村の小祠を挙げてみましょう。

所在地	名称	祭神
宿区	神明社	天照皇御神
	小室社	稲田姫命
	稲荷社（二社）	保食命
	御鉾塚社	素盞嗚命・

		稲田姫命
山崎区	稲荷社（二社）	保食命
	天神社	菅公
	熊野社	伊弉冉命
松木区	熊野社	前同
	第六天社	面足命
	荒神社	澳津比古命
	天神社	菅公
馬場区	諏訪社	建御名方命
芝原区	神明社	天照皇御命
	稲荷社	保食命
	白山社	伊弉冉命・白山比咩命
	鬼子宮社	不祥
	十二所社	天神七代地神五代
宮本区	今宮社	素盞嗚命
	稲荷社	保食命
	宗像社	宗像三女神
道祖土区	神明社	天照皇御神
	十二所社	天神七代地神五代

この中、宿区の神明社は、徳川時代、幕府から社領十石の朱印を受けていました。『新編武蔵風土記稿』によると、神主は武笠典膳となっています。女体社神主家文書にも、ところどころ神主武笠典膳の名は見えます。いつの時代にか、女体社武笠家から分かれたものでしょう。

小室社と御鉾社は、ともに女体社の祭神と同じ奇稲田姫命を祀っています。以前から女体社とかかわりのあった社と思われます。これらの小祠はすべて、村々の隅々で、庶民の中で育てられ、愛されてきたものです。

2 明治の三室村

明治初期の三室村

明治維新は、あらゆる面で急激な変革を遂げていきました。明治四年には廃藩置県《はいはんちけん》が断行され、同五年壬申の年には、新しい戸籍法が施行されます。戸籍編成の必要から行政区域が定められ、区長・戸長の制度が設けられて、これまでの名主・庄屋が戸長と改められました。

三室村の戸長は、江戸時代を通じ名主職を預かってきた武笠家が、引続いて勤めることになります。村内は、これまで、山崎・宿・馬場・松ノ木・芝原といった組に分けられ、組名主を置いていましたが、これらはすべて三室村戸長によって統轄されることになりました。

明治五年に施行された戸籍法は、壬申の年であったので「壬申戸籍《じんしんこせき》」ともいわれています。これは従来、武士・町人・百姓・非人と、身分によって戸籍を区別していたものを改め、すべて「臣民一般」として扱うものでした。その戸籍法の条項には、

毎戸ニ官私（官吏・民間人）ノ差別ナク臣民一般番号ヲ定メ、其住所ヲ記入スルニスベテ何番屋敷ト記シ、編成ノ順序モ其号数ヲ以テ定ムルヲ要ス

と、戸籍編成の際、差別なく家番号を付することを定めています。

ここに、明治六年九月に、三室村全戸の戸籍を調べた貴重な調帳が戸長であった武笠家に残されていましたので、当時の三室村の様子がどうであったかを見てみましょう。

この調帳には、各戸に戸籍法にある通り番号が付され、その番号は二四六番を数えています。これが明治六年の三室村の全戸数になるわけで、江戸時代享保三年（一七一八）の三室村戸数一六八軒から、大幅に増えていることが分かります。

人員は、一六〇二人で、その内女八四三人、男七六九人となっており、女が七四人多くなっています。この中には、下女なども含まれているようです。これによって当時の家族構成、雇人の数などが分かり、雇人の人数によって、農家の内情などもうかがうことができます。東京の方からきて

いる雇人も散見されますが、現代と違って逆であり、これも興味深く思われます。

姓でもっとも多いのが武笠姓で、二十二家あります。これは江戸時代を通じ武笠神主家、武笠名主家から分家していった人たちが広がっていったものでしょう。次に多いのが、内田姓と星野姓で、それぞれ十七家になっています。内田家は、社家内田家の系統と思われます。星野家は、浦和宿本陣及び脇本陣が星野家であったことから、この系統が三室の方へも広がったものでしょう。次に目立つのが、飯野・山崎姓で、十家ずつ。そのほか永田・西形・関野・都築などの姓が多いようです。

明治後期の三室村

明治二十三年に町村制が施行され、このとき三室村は、隣村であった道祖土《さいど》村を合併して新たな三室村となりました。

武笠名主家は、維新後も三室村で重要な地位を保ち、戸長から村会議員、区長などを歴任しています。明治初期三室村戸長を勤めた武笠武貞は、明治二十一年に四十九歳で亡くなり、そのあとを十三代目の信敬が継ぎました。武笠信敬は、明治二十二年、蔬菜《そさい》の生産と流通をはかる埼玉農産組合の設立に際しては、周辺町村の信望を集めて組合長となり、組合の発展に尽力しました。大正年間は、三室村の村長となっています。

このため、武笠家には、明治の頃における文書もかなり残されています。明治二十二年町村制施行以前のものの中では、徴兵関係の届出類、三室小学校の就学不就学の取調書類、救恤関係書類などです。町村制施行以後のものでは、組合長を勤めた埼玉農産組合に関するもの、とりわけ東京市場問屋との口銭をめぐる紛争の事実を示すものも含まれており、特徴ある文書群となっています。そのほか、同家が経営した「中原館（養蚕室）」に関する文書、見沼代用水の維持に関する文書、氷川女躰神社・神明社に関するもの、明治初期における同家の日記類も見ることができます。

この頃、見沼干拓地は、一面の水田となり、三室村に面する部分の干拓地は、三室村の百姓たちによって耕作が行われ、見沼代用水は、とどこおりなく灌漑水を提供していました。見沼舟運も、そのまま継続されており、通船堀から芝川―荒川を通って、上がり下がりの舟が運行していました。明治時代に入ると、見沼通船は民営となり、明治七年には見沼通船会社が設立され、さらに明治二十六年には商事会社法の制度によって、見沼通船株式会社に改組、本社を八丁下河岸（尾間木大間木）に置き営業しています。

ここで、見沼新田に関することで、用水の管理、使用がどうなっていたかについて、少し説明しておきましょう。

見沼の舟運は、通船堀と見沼干拓地の中央を流れる芝川、さらに、それに連なる荒川によって行われていましたが、干拓地をうるおす見沼代用水は、その干拓地の両縁にあって、灌漑水として使用されていたものです。

武笠名主家初代（常林兵庫）の墓

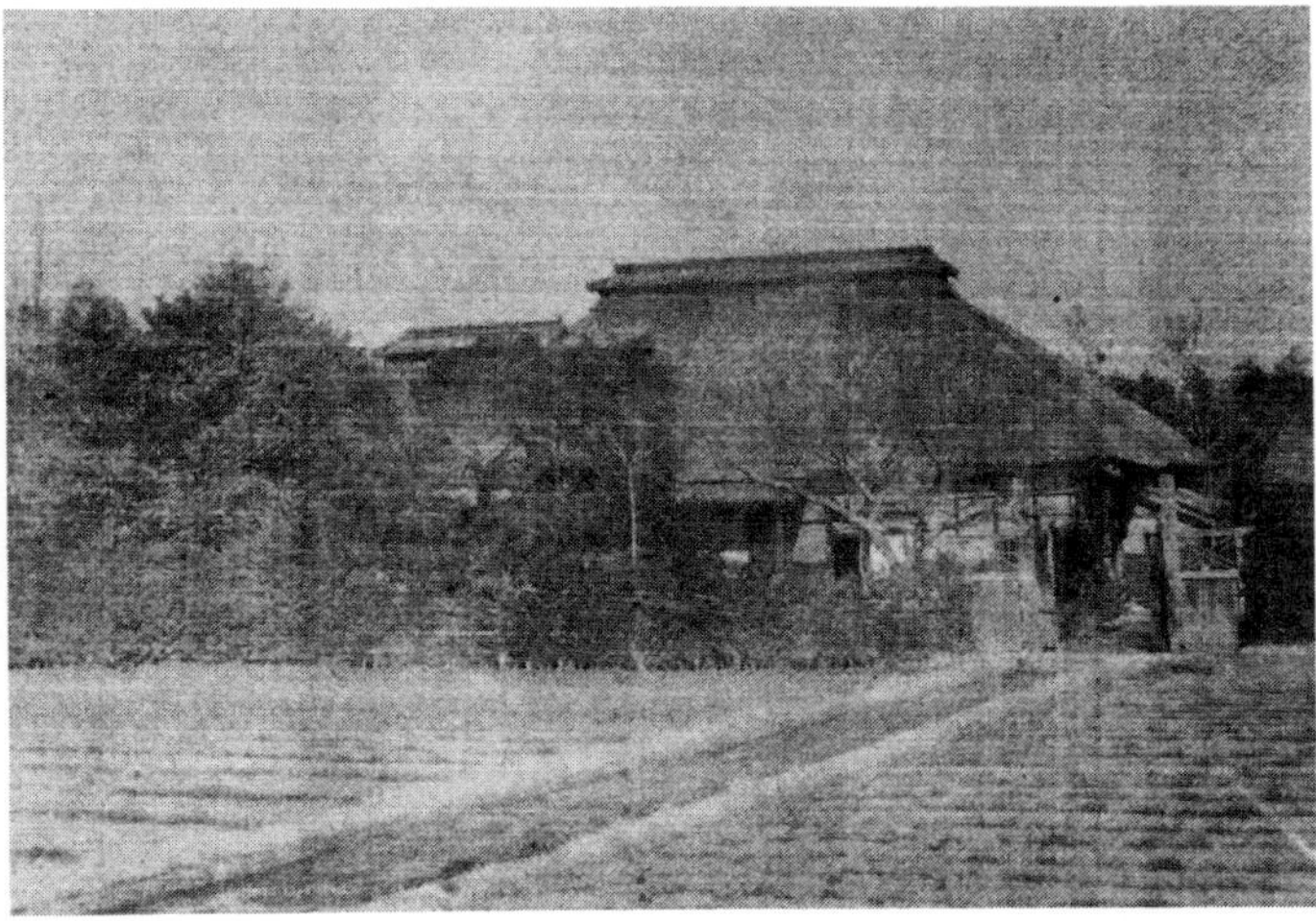

旧武笠名主家屋敷全景

見沼用水の管理は、受益地が広大であったため、水利組合をつくって行われていました。受益地を持つ人は、面積に応じて用水費を毎年払い込み、その資金が管理費として、水路の浚渫《しゅんせつ》や修繕、樋管や堰枠《せきわく》の修築などに当てられています。水田の所有者は、そのほかに、毎年四月、代用水が入ってくる前、川ざらえとか堀掃除といって用水路の作業奉仕もしなければなりませんでした。これは地区ごとに行われ、出られない者は、出不足といってお金を出す取り決めになっていました。夏になると、用水路の藻刈りや、土手の草刈りも行われています。

小学唱歌と武笠三

武笠神主家も、明治五年の神主世襲制の廃止、神職の解任という一連の国の政策によって、古代より連綿と続いてきた女体社神主職を解かれる時がきました。最後の女体社神主は、はからずも明治維新に遭遇した、幸平彦より六十九代目、武笠大学幸美です。武笠幸美は、後に北足立郡長となっています。この幸美には、男の子がいなかったらしく、士族栗原家より聟養子を取っています。この養子が武笠幸息で、幸息の長男が武笠三です。

武笠三は、後に文部省唱歌として知られる「雪」「案山子《かかし》」「池の鯉」「日の丸の旗」「菊の花」などを作詞するのですが、武笠家系の中でも、特筆すべき人物といってよいでしょう。

姉一人の後に男の子三が生まれたため、祖父幸美に大変可愛がられたようです。三の後には弟五人、妹四人ができていいます。一一人兄弟ということになります。

三は、三、四歳頃には、すでに百人一首を暗唱していたようで、小学校に入学しても秀才の評判が高く、埼玉新聞にも記事が出るほどだったといいます。

後に東京帝国大学国文科に入学、卒業後、東京府尋常師範学校から真宗京都中学校、第四高等学校を歴任し、祖父幸美の乞いに従って埼玉県第一中学校（現在の県立浦和高）を経て、明治三十六年九月第七高等学校造士館の教授として鹿児島に赴任しています。

嗣子《しし》耕三氏の記すところによると、「父は毎日家にこもって机を友としていたので丈は伸びず、とうとう五尺でとまり、徴兵検査は丙種でした。『山椒《さんしょう》は小粒でもぴりりと辛い』というので号を『山椒』としていました」とあります。

三は、十四歳で上京し、神田駿河台の太田姫稲荷神社の神官を勤めていた叔父栗原拾の家から共立学校（現在の開成高校）へ通っていましたが、後にこの栗原拾の長女ひろと結婚しています。ひろとは従兄妹の間柄で、幼い時から相思の仲だったようです。

三は、鹿児島の第七高等学校教授を五年ほど勤めた後、明治四十一年文部省に呼ばれ、国定教科書の編さんや文部省唱歌の作詞に取り組むことになります。このときの小学唱歌の作詞委員長が芳賀矢一で、武笠三は、この芳賀矢一とは大学時代から同門・同師の先輩と後輩の間柄でした。芳賀矢一が武笠三の才能を知っていて、急拠鹿児島から文部省に呼び寄せたと思われます。

明治四十四年五月八日に刊行された「第一学年用」唱歌は全二十曲目で、武笠三の作詞になるものは「日の丸の旗」「池の鯉」「菊の花」でした。同明治四十四年六月二十八日に刊行された「第二学年用」は全二十曲目で、武笠三の作詞になるものは「案山子」「雪」です。

今日まで、なつかしい文部省唱歌として歌い続けられているこれらの唱歌は、武笠三が幼い頃育った三室の神社や見沼の風景がもとになって作られたものと思われます。

これらの歌は、作詞者不詳となっていますが、これは、作詞者が文部省の役人であったことから、名が表に出なかったものでしょう。

はるかな遠い古代、二千年の昔、見沼のほとりにたどり着いた武笠神主家の祖先は、沼のほとりで三室山を拝し祖先を祀りました。二千年後、その子孫が、この見沼付近の情景をもとに、日本の代表的な唱歌を作りました。

氷川女体神社の社頭には、昔の見沼の一部を残して池がつくられ、この池には鯉が泳いでいます。明治の頃も、すでに鯉が泳いでいたものでしょう。武笠三は、幼い頃から神社や池のあたりで遊んでいます。明治唱歌の「鯉」は、この池の鯉がモデルとなり、これらの情景をイメージして作詞されたものと思われます。武笠三が幼い頃住んだ家は、見沼たんぼを見下ろす小舌台地上にありました。雪が降ると見沼たんぼは一面の雪野となり、台地上の村の家の庭にも、この頃多く雪が積もったはずです。「雪やこんこ――」は、この付近の雪の風景をもとに作られたものでしょう。「一本足のかかし――」も、見沼たんぼが舞台になっているものと思われます。

かつて見沼たんぼは、武笠家が神主を勤めた氷川女体社の御手洗瀬でした。享保の改革で、この御手洗瀬はたんぼと化し、付近の農民たちによって米が作られることになりました。武笠三は、この見沼たんぼで、米ではなく、日本の代表的な唱歌を作りました。これらの歌は、多くの日本人に、広く、長く歌われ、愛し続けられています。日本人の〝心の糧《かて》〟となったのです。

武笠三は、昭和四年三月十八日に亡くなっていますが、江戸文学研究家として集めた多くの書籍は、一括して日本大学文理学部図書館に寄贈され、現在「武笠文庫」として残されています。この文庫の中に武笠家に関する資料もあって、武笠三が明治唱歌を作詞したことも、はじめて分かったものです。

「案山子」の碑・発祥の地

いま女体社の前の田んぼが見沼氷川公園となり、そのシンボルに武笠三を記念して「小学唱歌発祥の地」という碑が市民によって建立され、多くの人々に親しまれています。
では、当時の三室の村や見沼の風景を思い浮かべながら、これらの唱歌を歌ってみましょう。

池の鯉

一、出て来い出て来い池の鯉《こい》
底の松藻《まつも》のしげった中で
手のなる音を聞いたら来い

二、出て来い出て来い池の鯉
岸の柳のしだれた陰《かげ》へ
投げた焼麸《やきふ》が見えたら来い

雪

一、雪やこんこ霰《あられ》やこんこ
降っては降ってはずんずん積る
山も野原も綿帽子《わたぼうし》かぶり
枯木《かれき》残らず花が咲く

二、雪やこんこ霰やこんこ
降っても降ってもまだ降りやまぬ
犬は喜び庭駆《か》けまわり
猫は火燵《こたつ》でまるくなる

案山子

一、山田の中の一本足の案山子《かかし》
天気のよいのに蓑笠《みのかさ》着けて
朝から晩までただ立ちどほし
歩けないのか山田の案山子

二、山田の中の一本足の案山子
弓矢で威《おど》して力んで居《お》れど
山では烏《からす》がかあかあと笑ふ
耳が無いのか山田の案山子

現在の見沼たんぼ

武笠三の墓

3　昭和初期の女体社

その後の女体社

明治維新の際、最後の女体社神主となったのは、武笠幸美です。

明治四年、朱印地である寺社領の没収にあって、神社はその財政の道を断たれ、さらに同五年、神主の世襲化禁止令によって、その職を奪われることになりました。

これによって、古来より武蔵一宮として続いてきた女体社と、武笠神主家にも、大きな転機が訪れたわけです。朱印地五十石と除地の分百石が没収されれば、あとに残るのは、個人的に所有していたわずかなものに過ぎなかったでしょう。神主職は、世襲禁止とはいえ、継続してもかまわなかったわけですから、幸美は、そのまましばらく神主職にとどまっていたようです。

その後の神主家の記録は明らかでないのですが、武笠神主家も、養子の幸息の代で終わったようです。社家であった内田家の子孫宣太郎さんの話によると、おじいさんが神主職をしていたということですから、年代から幸息のあと、内田家が神主職を引継いだもののようです。

武笠神主家は、神社からさほど遠くない見沼に面した台地上にありました。社家内田家も、社のすぐ近くにあって、以前は神主家を「北の家」、内田家を「南の家」と呼んでいたそうです。

武笠神主家も、内田家も、これまでともに女体社を守り仕えてきたわけですが、その長い歴史に終止符をうち、それぞれ、独自の道を歩まねばならなくなりました。

時代は、明治から大正・昭和と移り、村も、人も、時代の流れとともに変わっていきました。しかし、女体社だけは、以前と同じように、かつての見沼に面した台地上に、昔と変わらぬ姿で鎮座しています。

その後女体社を守ってきたのは、氏子たちです。朱印地がなくなったあと、社の財政面を支え、社を維持・管理してきたのは、古くからこの女体社とかかわりを持ってきた周辺の氏子たちでした。もともと氏子というものは、以前からいたもので、とくに女体社の場合、社領の村人たちが、その中心となったと思われます。

神仏分離、神社整理のあと、部落の小祠などが女体社へ合祀されたこともあり、女体社は、村の総鎮守的な存在になっていました。氏子組織では、各地区から氏子総代が選出され、神社の会計はもちろん、年間の祭礼の準備・運行など、社総代の指揮・監督によって行われていたのです。氏子組織による自主的な、神社の経営・管理といえます。

つまり、明治維新によって、旧習は破られ、江戸時代、徳川家の武運長久を祈る祈願所としての機能を果たしてきた武蔵一宮が、村人たちによる、村人たちの神社へと変わっていったのです。

村の鎮守様

明治のはじめ、神社の編成替えによって、女体社は郷社とされ、この時以来、武蔵一宮から村の鎮守《ちんじゅ》様的な存在になってしまいました。一方の大宮社は、官幣《かんぺい》大社となり、明治天皇が京都から東京へ移った翌年には、天皇の行幸が行われています。

ここにいたって大宮社と女体社は、完全にその地位を異にしてしまい、一方は晴れがましい表舞台へ、一方は草深い三室の里に隠れることになってしまいました。江戸時代、大宮社とともに江戸城へ登城、将軍への独礼の栄に浴していた誇りある神社も、タダの村の鎮守様に成り下がってしまったわけです。もともとは同一体であった男神の大宮社と女神の女体社を、このように決定的な差をつけさせる原因になったのは、やはり地理的な条件が大きかったと思われます。つまり、大宮社が、かつての主要街道中山道の脇にあり、女体社が地の利の悪い三室の奥にあったことによると思われます。大宮社は、中山道の発達とともに発展してきています。

晴れがましい貴族的な生き方をしたほうがいいのか、あるいは下町で庶民とともにつつましく生きていったほうがいいのか——。女体社は、庶民とともに生きる道を選んだのです。

昭和の初期、三室村には、山崎・宿・馬場・松ノ木・宮本・芝原・道祖土《さいど》などの地区があり、女体社は、これらの総鎮守的な存在となり、村祭りなども行われていました。

祭りの当日には、朝からふれ太鼓が鳴り、神社の境内には露店が並び、神楽《かぐら》や余興の芝居・相撲なども行われ、人出も多く、盛大な村祭りになっていました。

これらの祭りの進行は、各地区から選出された氏子総代の指揮・監督のもとに、世話役や村の若者たちによって行われ、総出の村祭りだったのです。

夏には、「茅《ち》の輪くぐり」や「人形流《ひとがたなが》し」が行われていました。「茅の輪くぐり」は、鳥居のところに茅を束ねて大きな輪をつくり、これをくぐることによって災厄を払うものです。人形を持った神主を先頭に人々が茅の輪をくぐりますが、このとき「夏越の祓いする人は千と世の命延ぶというなり」という古歌を唱えます。「人形流し」は、半紙で人間のヒト形を作り、それをまとめてお祓いをしたあと、見沼代用水へ流しました。

このような行事がいつ頃から伝えられているのか定かでありませんが、無病息災を祈り、厄を払う、禊《みそぎ》と祓《はら》いの要素が込められていると思われます。

厄払いでは、厄年の厄落としというのが伝えられていました。男の厄年は二十五歳と四十二歳、女が十九歳と三十三歳です。三室の松ノ木では、男二十五歳・四十二歳の厄落としは、正月の朝、氷川女体神社の初詣でに行くとき、新しい晒《さらし》の六尺褌《ふんどし》を紙にくるんで、行く道で捨てて行きます。これを拾うと、拾った人が厄をしょってしまうといいます。

子供が生まれたときは神祭りを行いますが、このとき、女の子は三十二日目、男の子なら二十日目に、氷川女体社へお参りをします。赤ちゃんにオブギを掛けて姑《しゅうとめ》さんが連れて行き、氷川様には赤飯をあげます。七五三は十一月十五日で、晴れ着を着せて神社へお参りに行きます。三室の各地区でも、子供が三歳になると、三つ身の祝いをしました。一枚の布から三つ裁《た》って、着物を作って着せます。連れ立って神社へ行くわけですが、神社へは榊の葉に赤飯を載せて備えます。

このように、氷川女体神社は、大祓いや秋の例大祭といった年間の行事のほかに、いろんな面で、村人たちとかかわりを持っていました。普通のどこにでもある神社と同じように、村人の鎮守様であり、村人の生活の中に溶け込んだ神社となっていました。

4 現在の三室

女体社は今

女体社の磐舟《いわふね》祭りが、昭和五十七年から再開されています。つまり、古代から伝えられてきた神祀りが、昭和の今になってよみがえったのです。

磐舟祭りは、享保年間、見沼干拓により御舟祭りが行えなくなった代わりとして、社頭に鏡池をつくり、その中に祭祀場が築かれ、近世の終わりまで磐舟祭りとして祭祀が行われていました。明治になり、神主世襲禁止令によって、これまで古代より続いていた武笠氏が神主職を退いて以来、今日までたんなる祭祀遺跡として残されたままでした。これを、昭和も終わりになって、由緒ある祭祀として復活させたものです。ここに、これまでの祭祀遺跡が、再び現役の祭祀場に変わり、忘れ去られていた磐舟祭りが、再デビューすることになりました。

これとともに、由緒ある女体社の存在が再認識され、磐舟祭りと同じように神社のほうも、にわかにクローズアップされています。古代・中世より伝わる由緒ある社宝の数々も、新しくつくられた収蔵庫に納められ、県や市指定の文化財となり、いろいろな展示会にも出品されています。社叢《しゃそう》の森には暖地性の常緑広葉樹が繁茂し、秋の大祭や、夏の「人形流し」「茅の輪くぐり」も行われ、人々でにぎわいます。ふるさと歩道の一拠点にもなっています。

社殿は、寛永七年再興以来三六〇年、寛延年間大岡越前守のとき修復して以来二五〇年、昔のままの姿で、かつての見沼の方角に向かって鎮座しています。社頭の下には見沼代用水が流れ、社頭からは、現在植木・苗木畑に変わった見沼干拓地を一望することができます。

現在の文殊寺

神仏分離令が出されたのが明治四年、女体社の中にあった社僧文殊寺は、その役目を終え、年内

氷川神社の坊主石

信州小野神社の御鉾さま

には神社から立ち退いています。とりあえず村内の薬師寺へ身を置いたあと、現在地へ移っていま す。寺伝によると、明治四年に同地へ移ったとあります。寺の本尊である文殊菩薩と、文殊堂に収蔵されていた大般若経六百巻は、村の信者たちが一緒に持ち出しています。

現在の文殊寺は、昭和五十三年に新しく建立されました。前の住職が昭和二十年に戦死して無住になっていたため、その後吉祥寺の坊さん（岩井啓二氏）がきてあとを継いでいます。

大般若経は、戦後、県の文化財となり文殊寺から運び去られ、現在は浦和市立郷土博物館に収蔵されています。文殊寺住職の奥さんの話によると、亡くなったおばあさんが、「大般若経は、寺の大事な宝物だから、持ってきておかねば……」と口ぐせのように言っていたそうです。

この文殊寺は、かつては女体社の中の一堂にすぎなかったのですが、現在の建物は、女体社よりはるかに立派な堂となっています。主客転倒といった感じです。本尊の文殊菩薩は、知恵の菩薩、あるいは天神様と同じく学問上達の仏様として信者を集め、参詣に来る人も多いようです。

大般若経のない現在、古いものは見当たりませんが、寺の二階に掲げられている大絵馬の大額は、見ごたえのあるものです。三面あって、そのうちの一つは、縦一八〇センチ、横一五〇センチと大きなもので、武笠松渓という絵師によって描かれています。松渓はもちろん、武笠神主家から出た人物です。この絵は、見沼干拓以前の見沼の風景を描いたもので、他に見沼を描いた絵類がないことから、貴重な絵馬といえます。他の二つは、これに比べてやや小型で、絵柄もよく判別できなくなっています。

ここに、現在の文殊寺の由緒を書いたものがありますので、紹介しておきましょう。

◆文殊寺の由緒

大智山覚母院と称し、その昔、氷川女体神社にあって、住職は、同社の別当（僧職の他に神職をも兼ねること）を相勤め、三十七坪の本堂の他に、文殊堂があった。

女体神社の本地（本身）であり、持統天皇勅納の、大般若経（真の知恵によって見れば、万有はみな空であると説いた経、玄奘《げんじょう》三蔵訳で六百巻ある）を収蔵し、毎年正月八日には、天下泰平五穀豊穣の転読会を催していた。

又古来より、氷川女体神社に、鐘楼《しょうろう》あって、そのぼん鐘は、朝夕四方の住民の敬心を啓発していた。

天明元年（一七八一）同職の別当職を離れ、社領朱印五〇石の内六石四斗を配受し、七反の朱印境内、山林、三町四反余の田畑年貢を有し、尊崇を集めていた。

女体社の坊主石

女体社の石段を上がる左手に、木柵で囲んだ所があります。中をよく見ると、坊主石のようなものが見えるはずです。どんな由来があるのか、知っている者もいないし、女体社の記録の中にも何も記していません。

その後各地の神社を調べて回ったところ、これと同じものが、上総国一宮の鹿島神宮、同じく下総国一宮香取神宮、信州塩尻の小野神社、それに三重県で鹿島神宮と同じ祭神を祀っている大村神社にあることが分かりました。これらの坊主石が神社の祭祀とかかわっていることは明らかで、記録がないことからも、はるかな遠い古代の祭祀に使われたものと考えられます。

信州小野神社の坊主石は〝おぼこ様〟と呼ばれ、神体山と思われる背後の霧訪山を正面に拝する所に埋められて、現在でもこの場所は聖なる場として残されています。

これらのことから、おそらくこの坊主石は、神山を拝する祭祀の場に埋められていた神霊を依りつかせる依石ではなかったか、と思われます。

女体社の坊主石も、古代には神社の背後にあった三室山を正面に拝する場所に埋められ、ここで祖霊神の祭祀が行われたはずです。女体社の社家を勤めた内田家の子孫、内田宣太郎さんの話では、以前は石段の右下方にあったようです。先の方は見沼ですから、かつては三室山を最も形よく拝する沼辺が祭祀の場で、ここに埋められていたものでしょう。

各地の古代遺跡の調査では、縄文から弥生時代にかけ、河原石や海岸の近くでは磯石が依石として使われていたことが分かりました。現在でも、山道わきの祠の神体に、丸い河原石を置いているのを、ちょいちょい見かけるはずです。

小高い山の「小室山」は、いつの時代にか、あるいは付近の沼沢を埋めるとき、土取りの山にされたのではないでしょうか。土を取った跡地は、聖なる山であったことから、畑地などにはされず、いつの間にか林から森になったものと考えられます。平地の森の付近を「小室山」と呼んでいるの

小室山と小室社

女体社の南西方向一キロほどのところに、小室社という小さな社があります。付近は、「馬場小室山遺跡」として大量の縄文の遺物が出土している浦和市を代表する縄文遺跡となっています。

最近一帯は開発されて住宅地となっていますが、地区の一角に小室山と呼ばれるところがあり、この森の中に小室明神社が祀られています。

「小室山」と呼んでいるところから、かつてこの森の付近に小高い山があり、この山が小室山だったと思われます。小室山・大室山については「三室山の由来」の項で述べましたが、どうも、縄文時代の祖霊の山で、縄文時代から「小室山」「大室山」と呼ばれていたようです。

「暮らしの民家園」に移築された小室山武笠一族の表門

小室社正面

篇額

小室社内部

は、このような理由からでしょう。

三室の地名の由来も、昔の書物に「女体社は三室山の南麓にあり――」とあるように、三室山からきていることは明らかです。大室・小室は、辞書の類に「大村・小村からきている――」などとしていますが、私の調査では、やはり山からきていることが分かりました。馬場小室山遺跡の付近に住んでいた縄文人は、この小室山を祖霊の山として祖霊の祀りを行っていたはずです。

原始・古代の人々は、祖霊が山に宿ると信じ、山を正面に拝する場所を祖霊祭祀の場に選び、ここに祖霊を招いて祀っていました。恐らく墓地の付近が祖霊祭祀の場で、その周りが住居地となっていたようです。馬場小室山の縄文遺跡は、このような理由から小室山の麓にできたものです。

小室社は、女体社の地で三室山を祀っていたように、小室山とかかわる祭祀の場ではなかったかと考えます。あるいは、縄文時代三室山が大室山で、弥生時代になって大室が三室に変わったのではないでしょうか。小室山があれば、どこかに大室山もあったはずです。

そこで、私は、この小室山について、謎解きの何か手がかりでも得られないかと、小室社の探検に出かけてみることにしたのです。

三室小学校のわきを通り抜けると、右の方に森が見えてきます。近くには、以前珍らしい草葺の長屋門のあった武笠さん（現当主武笠吉久氏）の家があります。ここも、祖先は武笠神主家から出ていると思われる村の旧家です。庭先から、縄文時代の遺物が出るといいます。その隣りも武笠家で、かつてこの一帯が武笠一族の土地であったことを物語ります。したがって、その裏手にある小

八丁河岸に近い芝川

室山や小室社も、武笠一族につながり、小室社は一族の氏神として祀られていたのではないかと思われます。このことは、同じ武笠氏が神主をしていた女体社と十分かかわりがあることを示しています。それは、記録書に、小室社の祭神が女体社と同じ奇稲田姫命になっていることでも証明できます。

付近は、近くまで新興住宅地になっているのですが、小室社のある広大な森は、いまだ原始の森を思わせるように、年輪を経た大木に覆われ、昼なお暗い森となっています。小室社は、その森の入口付近にありました。奥行一間、間口半間ほどの、ほんの祠としかいえない小さな社です。人も、あまり近寄らないという雰囲気の場所でした。

明治の神社整理の際、このような小祠はすべて女体社に合祠されています。小室社も、その一つに入っていたのですが、まだ残っていたのです。祠の中は、多分荒れ放題で何もない状態だろうと思って、私は何気なく扉を開けてみました。そこで私は、「はっ⁉」と息を呑んだのです。なんと小さな部屋の中に、奇稲田姫が、邪馬台国の女王卑弥呼が、そして須佐之男命や神武天皇までがいたのです。私は、あまりにも異様な雰囲気に、しばし我を忘れて立ちすくみました。外は騒々しい昭和の現代、この祠の中だけが、神代の神々しい神秘の世界を現出していたのです。

小室社の祠の中は、もう何十年も掃除されないままのように、床には塵が一センチほども積っていました。奇稲田姫や須佐之男命の描かれている額も、塵のためはっきり判別できない状態になっています。壁には、神々の有様を描いた額が五つと、他に小さな奉納絵馬が二十ほど掛けられていました。絵馬はいずれも、女性が神霊と思われるものに祈っている姿で、ほとんどに「奉納・武笠氏」と記されています。いつ頃掛けられたのか、大正時代のものがいくつか見られました。これらの絵馬は、多分当時の絵馬師が描いたもので、武笠一族が奉納したものでしょう。

三室の三室山の麓に鎮座する女体社と、小室山の小室社は、祭神がともに奇稲田姫命であり、武笠一族によって祀られていたことが判明しました。

これらのことから、縄文時代に、この一帯で大室山・小室山の祖霊信仰が行われており、弥生時代になって、出雲の方からやってきた一団が、大室山を三室山とし、小室山をそのままの形で引継いだのではないかと考えます。それらの一団が、三室山の麓で出雲の神を祀った武笠一族で、小室山も同じように祀ったのではないでしょうか。

神山の祖霊信仰については、文献もなく、全く分からなくなっていますが、全国数百ケ所の古代遺跡・神山等の調査から、弥生・縄文から、旧石器時代に遡ることが判明しています。この一帯でも、三室山・小室山の地名が証明するように、明らかに神山の祖霊信仰が行われていたのです。

芝川のほとりで

芝川は、見沼たんぼのほぼ中央を、昔の面陰を残しながら今も静かに流れています。芝川のほとりに立てば、古代から幾多の歴史が繰り広げられてきた三室女体社の森も、かつての見沼の両岸の風景も、よく見渡すことができます。今は、女体社の森も、静かなたたずまいを見せ、見沼たんぼも、水田はあまり見られず苗木・植木畑に変わってしまっています。しかし、昔と変わらぬ姿で流れている芝川のほとりに立てば、調査で分かったありし日の数々の出来事が、この舞台で行われたのだという実感となって、ひしひしと感じられてきます。

縄文海進の頃は、ここに東京湾からの潮が入り込み、海の魚貝類が捕れていました。両側の原生林には多くの鳥獣が生息し、小室山遺跡にみるように一帯には縄文人の生活が繰り広げられていました。その後海退が起こり出口が塞がれたとき、広大な淡水の見沼が出現したのです。

おそらく弥生時代の前期から中期頃、三室山信仰の時代に、出雲からやってきた一団が三室山を拝する見沼のほとりに住み着きました。彼らがおそらく、その後女体社の司祭者となった武笠氏の祖先たちだったに違いありません。そしてこの時から、三室と女体社の歴史がはじまることになるのです。はるかな遠い時代のことはよく分かりませんが、三室山に出雲神を祀っていたこと、麓に残された坊主石などから、女体社が古代から続く古い神社であることが証明できます。

やがて時代は古墳時代から奈良―平安―鎌倉時代と移り、女体社や神官家についての記録も、ぼつぼつ出はじめます。女体社や見沼が、俄然クローズアップされてくるのは、後北条氏が関東へ進出した戦国時代から、見沼干拓が行われる江戸時代にかけてのようです。

この時代、太田氏・後北条氏・徳川氏など歴史の支配者により神社の保護がはかられ、社領の寄進などが行われますが、これは、女体社が古代より続く由緒ある神社であったことによります。見沼干拓の折、女体社が幕府によって特別なはからいを受けたのも、やはりこれらの事情からです。

このように古代から、この一帯で数々の歴史が繰り広げられてきたもっとも大きな理由は、やはりここに見沼があったからではないでしょうか。縄文人や出雲からの集団が住み着いたのも、見沼と大きくかかわっているように思えます。見沼の周辺に住み着いた人々は、この見沼によって大きな恩恵を受けました。干拓の前も、干拓のあとも、そして現在も、この見沼の恩恵を受けています。その中央を昔と変わらぬ姿で流れているのが、芝川です。芝川も、重要な務めを果たしてきたのではないでしょうか。

付録・武笠家の系図と文書

一　武笠家系図

1　武笠神主家系図

古代から鎌倉時代まで

武笠家の系図といっても、氷川女体神社には、大宮の氷川社神主家のように、古代からのちゃんとした系図は現存していません。代がかわり、人がかわったとき行方不明になったのか、あるいは火災で焼失したのか、現在まで発見されていません。私が知り合った神主家の子孫武笠志茂が所持していた系図は、江戸時代初期武笠豊雄以降のものです。

古代からの系譜も、他の記録などで、飛び飛びではありますが、散見されないこともありません。最初に見えるのが、女体社の由緒書に出てくる「佐伯〇〇」です。これには、「天武天皇の御宇、白鳳四年（六七五）武蔵国一宮御再栄有之、神主佐伯朝臣国造を足立郡の郡司に兼任せらる」とあります。次が、醍醐天皇の時代で、「佐伯朝臣幸栄」とちゃんとした名前が出てきます。これによると「醍醐天皇之御宇（八九七〜九三〇）、神主佐伯朝臣幸栄に従五位下を賜ふ」とあります。この時代に、すでに国造を務める地位と勢力があったのですから、それ以前の系譜も、すばらしいものであったでしょう。

系図とか由緒書には、適当に記されたものがないとはいえませんが、同系の大宮氷川社との系譜のつながり等を考えれば、武笠家の祖先佐伯氏についても、信用していいのではないかと思います。

前に述べましたが、平安中期平将門の乱に出てくる武蔵武芝も、名前などからみて武笠家の祖先につながるのではないかと思えます。

鎌倉時代になると、承久の乱で討死した角井正親の妹が「佐伯経高」に嫁したとあります。これは、神主家間で姻戚関係を結んでいたと思われますから、佐伯武笠経高に間違いないでしょう。

同じく鎌倉時代で、承久の乱より七十年ほどあとに「佐伯弘」の名が見えます。女体社の社宝として鎌倉時代の祭祀用の鉾がありますが、この鉾に「正応六年」「佐伯弘」の銘が刻まれています。正応六年は、改元して永仁元年（一二九三）で、この時の神主が佐伯弘であったようです。

それでは、これまで出てきた人物を、一応系図上に示してみましょう。

佐伯○○《飛鳥時代》——佐伯幸栄《平安時代》——佐伯経高《鎌倉時代》——佐伯弘《鎌倉時代》——

古代から鎌倉時代までについて、記録としては、これ以外には判明していません。

なお、日大文理学部図書館の武笠文庫にある資料によると、佐伯氏の祖について、天御中主尊……《六世孫》高魂尊……《後胤》佐伯宿称藤麻呂—《之男》幸平彦……が書かれています。戦国時代の佐伯長盛が幸平彦より五十三代となっていますが、系図を元に書かれたものか、他の資料によるものか、分かりません。

戦国時代以降

戦国期以降の武笠家系図は、古文書館の神主家資料では断片的にしか分かりませんでした。しかし、日大文理学部図書館「武笠文庫」の神主家に関する資料や、武笠志茂の所持していた神主家系図から、大方のことが分かってきました。

武笠志茂の所持していたのは、武笠豊雄より外記幸富までのものです。系図に示せば、次の様になります。

武笠右衛門豊雄─丹波守嘉隆─宮内幸年（右衛門）─
大学（大蔵）幸豊─主計幸寧─外記（丹波）幸貞─外記幸富
大宮角井家より聟養子

外記丹波幸貞は大宮角井氏より聟養子となっていますが、大宮氷川社神主出雲監物の三男です。幸貞の母は、女体社神主武笠宮内の長女おと清で、角井家へ嫁しています。したがって幸貞は、母の実家へ養子にやられていることになります。

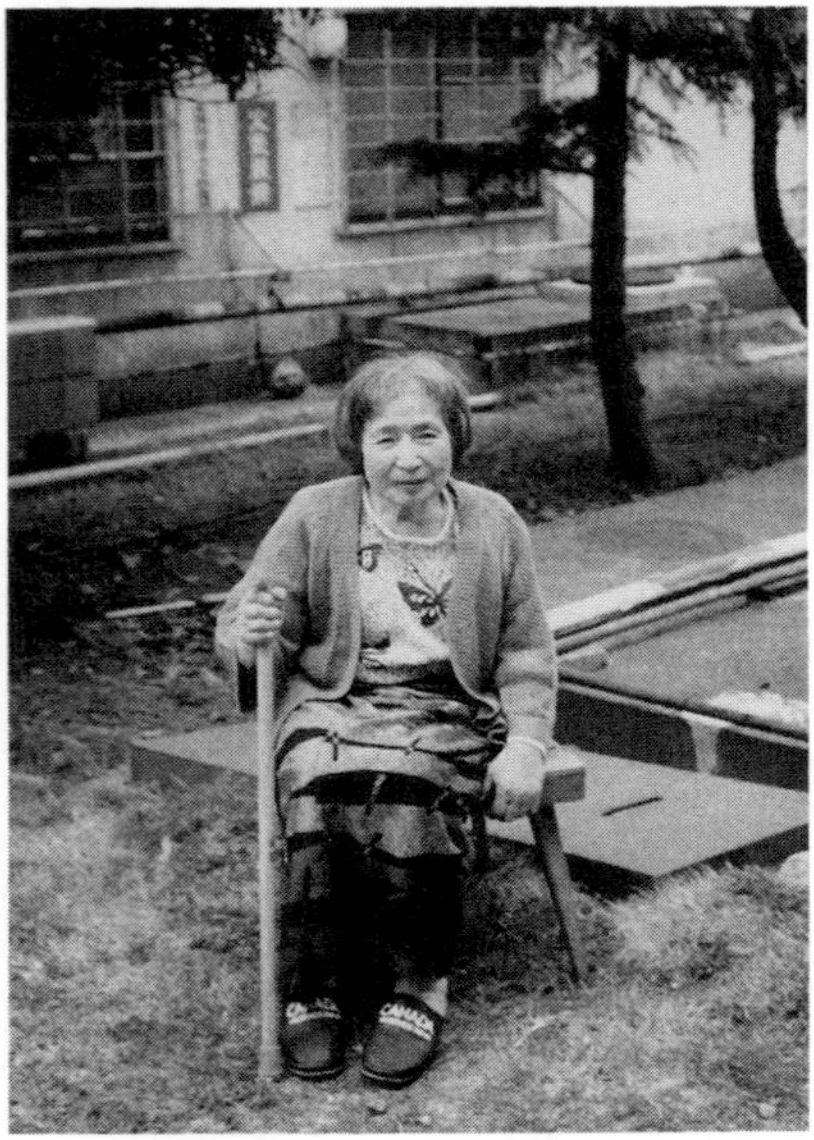
武笠志茂

系図では初代豊雄については、墓碑銘に次のように書かれています。

厳父豊雄姓佐伯氏、武笠父右衛門尉武富、母会場氏女加治、寛永九生豊雄於三室郷心涼院幼日長三郎

厳父豊雄と記されていますが、この墓碑文は嫡男丹波守嘉隆が書いたものです。これによって父が右衛門尉武富で、母が会場氏の娘加治、寛永九年

（一六三一）生まれということが分かります。寛永九年は、関ヶ原合戦のあと三十一年、二代将軍秀忠が死去した年に当たります。武富は、岩槻城で討死した房武の跡を継いで女体社神主になった武豊の嫡男です。

房武からの系図を示せば、次のようになります。

房　武（天正十八年岩槻城で討死）
武　豊（右衛門尉）
　├武　富――豊　雄――丹波守――（氷川女体社神主家）
　└兵庫常林――（三室村名主家）

武豊以降は、嫡男武富の系統が代々神主家を継ぎ、次男兵庫常林の系統が三室村名主職を世襲していくことになります。

江戸から明治へ、明治になると神社の制度も変わり、神主の世襲制度も廃止されるのですが、武蔵一宮としての最後の氷川女体社神主になったのが武笠大学幸美です。この幸美が明治になって浦和県庁へ提出した書付によると「代々神主職世襲、私より八代前武笠嘉隆宝永三年四月二日被叙従五位下――」とあります。これから、丹波守から幸美まで八代ということが分かります。

では、これまで断片的に出てきた古代からの武笠神主家の系図を、古文書館の資料、日大文理学部図書館「武笠文庫」の神主家に関する資料、並びに武笠志茂の所持していた系図から、一応筋の通ったものに書き並べてみましょう。

佐伯武笠氏系図

天御中主尊……六世孫 高魂尊……後胤 佐伯宿称藤麻呂（武蔵国庁官従五位下）―之男 幸平彦……佐伯□□（武蔵国造足立郡司 飛鳥時代）……佐伯幸栄（従五位下 平安時代）……佐伯経高（鎌倉時代）

……佐伯　弘（鎌倉時代）……佐伯当則（鎌倉時代）

……佐伯長盛（武笠大夫幸平彦より五十三代　盗賊難記録焼失　明応4・9・14没（一四九五））―盛　幸（武笠太郎　永正6・7・9没（一五〇九））―幸　長（大永1・2・2没（一五二一））―幸　次（天文13・11・20没（一五四四））―幸　武（天正10・8・4没（一五八二））―

- 氏　武（房武）　天正十八年岩槻城で討死（一五九〇）
- 関ヶ原出陣　武　豊（右衛門尉）　寛永10・6・19没（一六三三）
  - 嫡男　神主家　右衛門尉　武　富　承応1・10・14没（一六五五）―右衛門　豊　雄　正徳2・5・11没（一七一二）―従五位下　丹波守　嘉　隆　元文5・7・13没（一七四〇）
  - 次男　三宝村名主家　兵庫常林―宗林―浄栖―

見沼干拓
宮内
幸年
明和4・8・28没
(一七六七)
―
大学
幸豊
寛政4・11・13没
(一七九二)
―
主尉
幸寧
寛政8・8・27没
(一七九六)
―
大宮氷川社より聟養子
外記
幸貞
文化10・7・5没
(一八一三)

外記
幸富
文政10・5・23没
(一八二七)
―
衛門
幸重
天保14・10・20没
(一八四三)
―
北足立郡長
大学
幸美
明治となる

士族栗原家より養子
幸息
明治37・3・14没
―
明治唱歌作詩
旧制高校教授
三
昭和4・3・18没
―
農学博士・大学教授
耕三

2 武笠名主家系図

江戸時代、三室村名主を勤めた武笠名主家は、天正期に、武笠神主家から分かれたものです。天正十八年に、秀吉の関東侵攻の折、女体社神主で、岩槻城の家老として奮戦、空しく討死したのが武笠房武でした。戦いのあと、弟武豊が神主職を相続しました。この武豊の嫡男が武富で、次男が兵庫といいます。その後武富の系統が代々女体社神主職を世襲、兵庫の系統が三室村の名主職を継ぎました。

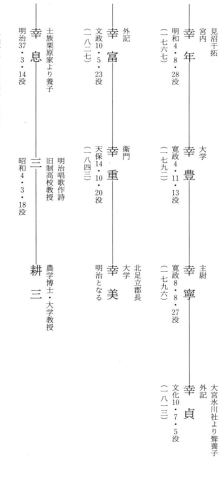

系図に示せば、次の通りになります。

- 房武（岩槻城で討死）
- 武豊（関ヶ原出陣）
  - 武富（女体社神主）——豊雄——丹波守——
  - 兵庫（三室林名主）——七左衛門——作兵衛——

したがって、武笠名主家においては、初代を兵庫としています。「中原家譜（武笠家譜、武笠重雄家文書）」によれば、

當家ハ宮本郷一宮簸河女躰宮神官武笠右衛門尉佐伯武豊次男兵庫常林事本家ニ有之、天正十九年卯年之御検地帳ニ兵庫手作分ト記有之見レハ既ニ天正年中ニ分家致シ候事明白也——

と、兵庫が天正年間に分家したように記しています。天正十八年に父武豊が房武の跡を継いだばかりで、その子の兵庫が分家したのは少し早いような気もしますが、何かの理由によるものでしょう。

さらに、名主職については、

三室村名主職ハ慶長年中本家ヨリ譲受所也

と、慶長年中に本家より譲受けたとしています。したがって、慶長以前は、神主家で名主職も兼帯していたものと思われます。

武笠名主家の別称を「中原館」と呼んでいましたが、中原館家名の由来については、

中原館之家名之儀ハ、昔大永七亥年女躰宮へ奉幣使中原通実卿御下向之節御旅館ニ建置シヲ壊テ此地へ引建直シ分家トス故ニ中原館ハ家号ト成ル也

と、大永年間、女体社へ奉幣使《ほうへいし》として下向してきた中原通実卿の泊った旅館を、壊し移しかえ、これを分家として使用したことから、中原館の家名となったとしています。

武笠神主家の系図は、ちゃんとしたものがありませんでしたが、名主家の系図はよく判明していますので、初代兵庫からの分を記しておきましょう。

初代	常林兵庫	承応元年卒（四十二歳）
二代	宗林七左衛門	寛文八年卒（八十四歳）
三代	浄栖作兵衛	正徳五年卒（六十七歳）
四代	義宗重兵衛	元文二年卒（七十二歳）
五代	義晛常右衛門	安永七年卒（八十八歳）
六代	義重豊左衛門	明和六年卒（六十四歳）
七代	重晛左近	明和元年卒（二十九歳）
八代	芳祇郡司	文化九年卒（七十一歳）
九代	泰昌 作兵衛 常右衛門	文政五年卒（六十歳）
十代	教祇経右衛門	文政三年卒（三十七歳）
十一代	教次	明治二十六年卒（八十九歳）
十二代	武貞	明治二十一年卒（四十九歳）
十三代	信敬	大正十年卒（六十九歳）
十四代	敬介	昭和二十年卒（五十八歳）
十五代	寛	

二　武笠家文書

1　神主家文書

浦和市三室に鎮座する、かつての武州一宮氷川女体神社の古代からの司祭者は、佐伯武笠氏です。この武笠神主家に伝わる文書が「神主家文書」で、現在浦和の埼玉県立文書館に寄託され保存されています。一枚のものから冊数のものまで、総計三〇〇点ほどです。

古いものは戦国時代大永・天正の頃のもので、それ以前のものはありません。明応四年（一四九五）佐伯武笠長盛のとき、盗賊の難に遭って記録が焼失したとありますから、それ以前のものは、このとき失くなったものでしょう。現在の社殿の再興が寛文七年（一六六六）となっているので、あるいは長盛からその間の一七〇年ほどの戦国期に、同じような災難に遭って記録が消失した可能性もあります。

現在残されている文書のほとんどは、江戸時代近世の文書で、寛文年間から明治までのものです。社殿が寛文年間から、修復はありましたが現在まで残っているところをみると、この間火災等に遭わなかったようで、これだけの文書が残されているだけでも、幸いなことでした。

文書の内容は、北条氏の制札や徳川氏の社領寄進状・安堵状など支配に関するもの、神社の神事・祭礼、造営・修理に関するもの、由緒書・伝記、そのほか宗門改帳、商業・金融に関する証文、社家・社僧に関するものなどです。

文書の特徴としては、氷川女体社が江戸時代寺社奉行所の管轄にあったことから、寺社奉行所へ提出した控え書が多いようです。「乍恐以書付願上候」といったものも、この中に含まれます。

よく保存されていたと思えるのは江戸時代の宗門改帳で、この中には社領分が九帳、社中宗門改帳が八帳残されています。この宗門改帳によって、当時の社領村人の氏名、人数など家族の構成や村の人口が判明します。社中宗門改帳では、神主家や社家・社僧の家族構成が分かります。宗門改帳は、この時代の戸籍台帳の役割を果たしていました。

見沼新田開発に関するものは、社の由緒書・伝記にも記されていますが、これまでの見沼干拓に関するものは幕府側からの資料だけで、神主家文書のものは、裏面から見た資料として貴重です。

神主家文書で残念なのは、系図類のないことです。武笠氏から寄託されなかったのか、それとも、元々から神主家になかったのか。子孫武笠志茂が江戸時代の系図を所持していたように、あるいは神主家から分かれていった分家筋に、残っている可能性はあります。

2　名主家文書

江戸時代における文書を近世文書といっていますが、農村におけるものを特に地方文書《じかたもんじょ》とか、別に在方・村方、あるいは百姓文書などと呼んでいます。検地帳・名寄帳・村銘細帳、それに地方三帳といわれる取箇郷帳・年貢割帳・年貢皆済目録などが主なものです。

武笠名主家にも、かなりの地方文書が残されています。これらは、現在、旧名主家から県の文書館に寄託され、保存されています。おおよそ千三百点ほどです。

武笠名主家文書も、土地関係と年貢関係がとくに目立ちます。検地帳なども含まれています。見沼干拓後は、見沼用水に関するものが出てきます。山崎組に関するものが多いのですが、これは武笠名主家が三室村の大名主のほかに山崎組の組名主も兼ねていたことによるものです。交通関係では、浦和宿の定助郷であったので、これに関する文書があります。また、三室村は、紀州徳川家の鷹場となっていた関係から、これに関する文書も見られます。しかし、五人組帳、宗門人別帳などは残されていません。

一般に名主や庄屋（西日本では庄屋）、あるいは他の村役人であった旧家などには、かなりの地方文書が残されています。これらは、当時の農村の状況や村の生活を知る上で貴重な資料となります。武笠名主家でも、千三百点も残されていたことは、近世における三室村を知る上で貴重なことといってよいと思います。

これは、私事になりますが、私の母方木村家も、江戸時代を通じ名主職を世襲、旗本支配地としての代官も兼帯していたことから、かなりの文書が残されていました。『新編武蔵風土記稿』児玉郡河内郷の項に、「河内は河内郷若泉庄に属す、村名主（木村）弥惣次の先祖、次郎五郎永禄年中開墾せる由村の伝に残れり」とあります。

この木村家にも、土蔵に山のように古文書が積まれていたそうですが、わけのわからないまま処分してしまったもののようです。私が、もう少し早く気付いていれば、と残念でなりません。由緒書とか系図、一部の文書は木村家文書として残されています。後北条氏より木村越後守宛に出された制札などもありましたが、行方不明になっています。

なお、郷土史家で、埼玉県の俳句の撰者でもあった一族の木村宗平氏によると、江戸時代の終わり頃、この木村本家から孫七という者が、館林の正田家へ聟養子に行っているということです。浦和の県立図書館にある木村宗平著『児玉風土記』の「河内・金鑽神社」の項にも、正田家への聟養子のことが書かれています。

— 略 —

さらに近世になって、木村総本家の四代前木村孫七という名の者が館林の正田家に婿入りしていますが、この正田家からこのたび美智子様が皇太子妃として皇室に迎えられたことは、氏子にとってこの上もない吉事と言えます。

古文書も、旧家などにそのまま置かれているケースが多いのですが、このような場合、虫に食われたり、保存が大変です。そのため武笠家文書も、貴重な資料を後世に残す意味から、文書館に寄託されたものでしょう。設備が完備し、専門職員のいる図書館、あるいは文書館で保存・管理するのが一番賢明な方法と思われます。

古文書も、興味のない者にとっては、ただのボロ紙に過ぎませんが、研究する者にとっては、一枚の文書でさえ、得難い貴重な資料となります。

参考文献

史誌

浦和市誌　浦和市　一九八一～一九八八
大宮市誌　大宮市　一九六九～一九八七
川口市誌　川口市　一九八六～一九八八
戸田市誌　戸田市　一九八六
埼玉県誌　埼玉県　一九一二
新編埼玉県史　埼玉県　一九八三～一九八九
新編武蔵風土記稿　芦田伊人編　雄山閣　一九七七
武蔵国郡村誌　埼玉県　一九五三～一九五四

古文書

武笠神主家文書　埼玉県立文書館
武笠名主家文書　埼玉県立文書館
大宮氷川社文書　埼玉県立文書館
大熊家文書　埼玉県立文書館

研究論文

○享保期における町人請負新田開発＝武州見沼加田谷新田の場合＝田中嗣晴　一九八二
○見沼新田開発の一考察　相沢儀郎　61・3・25　埼玉県教育委員会
○享保期新田開発の一考察＝武州見沼新田を中心に＝　島村芳宏　一九七八　法政大学大学院日本史学
○享保期における新田開発と治水事業＝見沼新田＝　上田加代子　法政大学史学会　一九七二
○近世における見沼代用水の通船　松村安一　日本経済史研究所　一九七二

一般文献

関東郡代　伊奈氏の系譜　本間清利　埼玉新聞社　一九八三
関東近世史研究　大谷貞夫　一九七二
井沢弥惣兵衛為永の事績　見沼代用水路普通水利組合編　一九三六
関東河川水運史の研究　丹治健蔵　法政大学出版局　一九八四
利根川治水史　栗原良輔　官界公論社　一九四三
幕藩制国家の基礎構造　森安彦　吉川弘文館　一九八一・二・二八
元禄享保期の政治と社会　松本四郎・山田忠　有斐閣　一九八〇・六・五
講座日本歴史　東京大学出版会　一九八五・三・五
岩波講座日本歴史　岩波書店　一九七五・一二・二二
日本の歴史　中央公論社　一九七四・六・三〇
見沼代用水路沿革史　見沼代用水土地改良区編　一九五七
氷川女体神社　青木義脩　さきたま出版会　一九九五・三・二〇

あとがき

一本の電話がきっかけで、三室を訪れ、神社や神主家の歴史を調べ、その後古代の神山信仰を研究するようになり、現在も全国を調査で回っています。

もし、この一本の電話がなかったら、こういった研究はやっておらず、平々凡々とした生活をしていたはずで、この一本の電話が、私の人生を大きく変えた、と言ってもいいと思います。

各地の三室山を調べて回る頃、和歌山県海南市にある室山を調査に行きました。室の付く山は、三室山と関連があるのではないかと考えたからです。

初めて訪れるところは、銅鐸や銅剣出土地にしても、そこまで行く道順が、なかなかよく分かりません。海南市の室山の場合も、たまたま車を止めて女性に室山への道を尋ねたのですが、これがきっかけで、その後この女性と結婚（二度目）、彼女の協力を得て、全国数百ヶ所の神山・古代遺跡等を一緒に調べて回ることになります。一つのきっかけが、また私の人生を大きく変えることになったのです。

見沼干拓の歴史を調べ、干拓を指揮した井沢弥惣兵衛のことなどを論文にまとめたのは、彼女と知り合う何年も前になります。弥惣兵衛が紀州の出身であることは分かっていましたが、紀州のどこかということまでは調べていませんでした。

たまたま彼女が和歌山から持ってきていた書物を、パラパラっと、めくったとき、ふとページの中に井沢弥惣兵衛の名前が目にとまりました。よく見てみると、以前まとめた論文の中心人物井沢弥惣兵衛は、なんと、妻と同じ海南市の出身と記されていたのです。全く不思議な縁で、意外な発見となりました。妻に聞いてみると、現在も海南市に井沢さんという人がいるそうで、恐らく弥惣兵衛の縁戚関係の子孫に当たる人たちではないかと思われます。

海南市で、もう一つ挙げねばならないのは、ルパング島から生還した小野田寛郎さんも、この海南市の出身ということです。いとこになる小野田亀川さんという方が、小野田神社の神主をしており、一度訪れて話をしたことがあります。小野田さんの先祖は、小野田城の城主で、かつてはこの一帯を支配していた小領主であったようです。神社の真向かいにある山が神山で、神社のある付近が、この神山の祭祀の場ではなかったかと考えます。

井沢弥惣兵衛の住んでいた溝口村の付近にも、黒沢山という〃おろち伝説〃のある山があります。おろち伝説の山は、たいてい三室山であることから、この黒沢山も、浦和の三室のように三室山であった可能性があります。

もし、弥惣兵衛の村の黒沢山が三室山であったとしたら、見沼干拓のとき、同じ三室山の神社と関わりを持つことになり、これもまた不思議な縁となります。もしかしたら、弥惣兵衛の遠い祖先も、三室山信仰族であったかもしれません。

これは、ついでですが、小野田寛郎さんのいとこで小野田神社の神主をしている方が小野田亀川さんと前に書きました。かつてここが亀川村であったことから、名前に取ったものと思われます。

この付近は、和歌山市との市境で、近くに和歌山市本渡亀川というところがあります。私の出身が熊本県の本渡市亀川というところで、現在別府市亀川に住んでいます。

海南市の室山には、古墳がたくさんありますが、山名の室が古墳の室からきたものか、三室山なのか、よく分かりません。あるいは、御室のあたりに、のちに古墳の室が造られたとも考えられます。

私の研究は、はじめこれらの三室山・室山から、銅鐸・銅剣出土地と対象神山へと発展、さらには縄文・旧石器時代の遺跡調査へと広がって行きました。

これは、古代の神山・祖霊信仰が、弥生時代に急に起こったものではなく、縄文・旧石器時代から行われていたのではないか、ということからです。

もし、そうであれば、縄文・旧石器時代の遺跡から見える範囲に、銅鐸・銅剣の弥生の祭祀と同様に、祭祀対象の神山（祖霊の山）があるはずだ、と考えました。

助手である海南市出身の妻と二人、全国の縄文・旧石器遺跡を調べて回った結果、弥生の銅鐸・銅剣と同様な形の山のあることを発見しました。このことから、旧石器時代の何万何十万年前から、三室の三室山と同じような神山の祖霊信仰の行われていたことが判明したのです。

私の研究は、一本の電話から、三室から、このように古代・原始の謎解きへと発展し、現在も続けられています。

著　者

著者略歴

井上香都羅（いのうえ・かつら）

昭和９年　熊本県天草本渡市に生まれる。
昭和27〜57年　海上保安庁・海上保安官。
昭和34年　巡視艇爆発、両脚切断。
昭和60年頃より古代研究に入り、現在も古代史・考古学・民俗学研究と取り組む
学　　歴　長崎外国語短期大学英文科、佛教大学社会学部社会福祉学科、近畿大学法学部法律学科、法政大学文学部史学科、日本大学文理学部史学科をそれぞれ卒業。
著　　書　体験記『やればできる』（講談社、昭和45年）、『別府温泉入門案内』（昭和60年）、『銅鐸 祖霊祭器説』（彩流社、平成９年）

みむろ物語《ものがたり》　　検印廃止

平成10年４月15日　初版第１刷発行
平成29年４月11日　第２刷発行
令和５年３月10日　第３刷発行

著　者　井　上　香　都　羅
発行者　星　野　和　央

印刷・製本／株式会社三陽社
装　　幀／武　笠　　昇

発行所　株式会社　さきたま出版会
〒336-0022　埼玉県さいたま市南区白幡３丁目６—10
電048(711)8041　振替00150—9—40787

ISBN 978-4-87891-438-6 C0021